Olga Streng

Bilanzierung latenter Steuern nach dem BilMoG in Annäherung an die IFRS

Die Bilanzierungspraxis mittelständischer Unternehmen in Deutschland

Diplomica® Verlag GmbH

Streng, Olga: Bilanzierung latenter Steuern nach dem BilMoG in Annäherung an die
IFRS: Die Bilanzierungspraxis mittelständischer Unternehmen in Deutschland.
Hamburg, Diplomica Verlag GmbH 2012

ISBN: 978-3-8428-8649-0
Druck: Diplomica® Verlag GmbH, Hamburg, 2012

Bibliografische Information der Deutschen Nationalbibliothek:
Die Deutsche Nationalbibliothek verzeichnet diese Publikation in der Deutschen
Nationalbibliografie; detaillierte bibliografische Daten sind im Internet über
http://dnb.d-nb.de abrufbar.

Die digitale Ausgabe (eBook-Ausgabe) dieses Titels trägt die ISBN 978-3-8428-3649-5
und kann über den Handel oder den Verlag bezogen werden.

Dieses Werk ist urheberrechtlich geschützt. Die dadurch begründeten Rechte,
insbesondere die der Übersetzung, des Nachdrucks, des Vortrags, der Entnahme von
Abbildungen und Tabellen, der Funksendung, der Mikroverfilmung oder der
Vervielfältigung auf anderen Wegen und der Speicherung in Datenverarbeitungsanlagen,
bleiben, auch bei nur auszugsweiser Verwertung, vorbehalten. Eine Vervielfältigung
dieses Werkes oder von Teilen dieses Werkes ist auch im Einzelfall nur in den Grenzen
der gesetzlichen Bestimmungen des Urheberrechtsgesetzes der Bundesrepublik
Deutschland in der jeweils geltenden Fassung zulässig. Sie ist grundsätzlich
vergütungspflichtig. Zuwiderhandlungen unterliegen den Strafbestimmungen des
Urheberrechtes.

Die Wiedergabe von Gebrauchsnamen, Handelsnamen, Warenbezeichnungen usw. in
diesem Werk berechtigt auch ohne besondere Kennzeichnung nicht zu der Annahme,
dass solche Namen im Sinne der Warenzeichen- und Markenschutz-Gesetzgebung als frei
zu betrachten wären und daher von jedermann benutzt werden dürften.

Die Informationen in diesem Werk wurden mit Sorgfalt erarbeitet. Dennoch können
Fehler nicht vollständig ausgeschlossen werden, und der Diplomica Verlag, die Autoren
oder Übersetzer übernehmen keine juristische Verantwortung oder irgendeine Haftung
für evtl. verbliebene fehlerhafte Angaben und deren Folgen.

© Diplomica Verlag GmbH
http://www.diplomica-verlag.de, Hamburg 2012
Printed in Germany

Inhaltsverzeichnis

Inhaltsverzeichnis I

Abkürzungsverzeichnis IV

Abbildungsverzeichnis VIII

Tabellenverzeichnis IX

Anhangsverzeichnis X

1 Einleitung 1

    1.1 Problemstellung und Zielsetzung 1

    1.2 Gang der Untersuchung 3

2 Vergleichende Analyse der Bilanzierung latenter Steuern im Einzelabschluss nach HGB- und IFRS-Vorschriften 4

    2.1 Entstehung und Bedeutung latenter Steuern nach HGB und IFRS 4

    2.2 Konzepte und Methoden der Steuerabgrenzung nach HGB und IFRS 5

        2.2.1 Konzeptionelle Abgrenzung 5

        2.2.2 Methodische Abgrenzung 7

        2.2.3 Zusammenfassende Darstellung und kritische Würdigung 8

    2.3 Bilanzierung latenter Steuern im HGB-Einzelabschluss 9

        2.3.1 Gesetzliche Regelungen im Überblick 9

        2.3.2 Ansatz latenter Steuern 10

            2.3.2.1 Umfang des Aktivierungswahlrechts und der Passivierungspflicht 10

            2.3.2.2 Bewertung latenter Steuern 12

            2.3.2.3 Ausweis latenter Steuern 12

        2.3.3 Ausschüttungssperre 14

        2.3.4 Ansatz latenter Steuern auf steuerliche Verlust- und Zinsvorträge 15

    2.4 Bilanzierung latenter Steuern im IFRS-Einzelabschluss 16

        2.4.1 Gesetzliche Regelungen im Überblick 16

2.4.2 Ansatz latenter Steuern 17

    2.4.2.1 Umfang der Aktivierungs- und Passivierungspflicht 17

    2.4.2.2 Bewertung latenter Steuern 18

    2.4.2.3 Ausweis latenter Steuern 18

2.4.3 Ausschüttungssperre 20

2.4.4 Ansatz latenter Steuern auf steuerliche Verlust- und Zinsvorträge 20

2.5 Vergleichende Darstellung und kritische Würdigung der latenten Steuerabgrenzung nach HGB und IFRS 21

3 Untersuchung der rechtsformspezifischen Probleme der Steuerabgrenzung deutscher Unternehmen nach HGB im Vergleich zu IFRS 24

3.1 Latente Steuern bei Kapitalgesellschaften 24

3.2 Latente Steuern bei Personengesellschaften 25

3.3 Abgrenzung latenter Steuern im Organkreis 27

    3.3.1 Besonderheiten der ertragsteuerlichen Organschaft 27

    3.3.2 Bilanzierung latenter Steuern beim Organträger 28

    3.3.3 Bilanzierung latenter Steuern bei der Organgesellschaft 29

    3.3.4 Offene Fragen 30

3.4 Kritische Würdigung 30

4 Konvergenz von IFRS und der Bilanzierungspraxis deutscher mittelständischer Unternehmen nach BilMoG 32

4.1 Überblick über bisherige empirische Untersuchungen 32

    4.1.1 Empirische Studien mit Fokus auf mittelständische Unternehmen 32

    4.1.2 Empirische Ergebnisse zur Bilanzierungspraxis mittelständischer Unternehmen 35

    4.1.3 Teilfazit 36

4.2 Festlegung des Untersuchungsaufbaus 37

4.3 Untersuchungsgegenstand und Untersuchungsdesign 38

4.4 Ergebnisse der empirischen Untersuchung 41

4.4.1	Relevanz der latenten Steuern im Einzelabschluss	41
4.4.2	Umfang der Aktivierung latenter Steuern	43
4.4.3	Angaben zu Ursachen von latenten Steuerpositionen	46
4.4.4	Aktive latente Steuern auf steuerliche Verlustvorträge	47
4.5	Konvergenz der Bilanzierungspraxis deutscher mittelständischer Unternehmen nach BilMoG	50
4.6	Kritische Würdigung der Ergebnisse	55
5	**Zusammenfassung und Ausblick**	58
Anhang		XI
Literaturverzeichnis		XXII
Verzeichnis der Gesetze, Verordnungen und sonstigen Rechnungslegungsnormen		XXXIII
Entscheidungsverzeichnis		XXXV

Abkürzungsverzeichnis

a.F.	alte Fassung
AfA	Abschreibung für Abnutzung
AG	Aktiengesellschaft
AHK	Anschaffungs- und Herstellungskosten
AktG	Aktiengesetz
Art.	Artikel
AV	Anlagevermögen
BAnz.	Bundesanzeiger
BB	Betriebs-Berater
BC	Zeitschrift für Bilanzierung, Rechnungswesen und Controlling
BDI	Bundesverband der Deutschen Industrie e.V.
BGB	Bürgerliches Gesetzbuch
BGH	Bundesgerichtshof
BilMoG	Bilanzrechtsmodernisierungsgesetz
BiM	Bilanzen im Mittelstand
BMJ	Bundesministerium der Justiz
BStBK	Bundessteuerberaterkammer
BW	Barwert
DAX	Deutscher Aktienindex
DB	Der Betrieb
Diff.	Differenzen
DPR	Deutschen Prüfstelle für Rechnungslegung
DRS	Deutsche Rechnungslegungs Standards
DRSC	Deutsches Rechnungslegungs Standards Committee e.V.
DSR	Deutscher Standardisierungsrat
DStR	Deutsches Steuerrecht
DStV	Deutscher Steuerberaterverband e.V.
E	Entwurf
EBITDA	Earnings before Interest and Taxes, Depreciation and Amortisation
ED	Exposure Draft

EG	Europäische Gemeinschaft
EGHGB	Einführungsgesetz zum Handelsgesetzbuch
EHUG	Gesetz über elektronische Handelsregister und Genossenschaftsregister sowie das Unternehmensregister
EK	Eigenkapital
EStG	Einkommensteuergesetz
EStH	Einkommensteuer-Hinweise
EStR	Einkommensteuer-Richtlinien
EU	Europäische Union
EUR	Euro
FASB	Financial Accouting Standards Board
FK	Fremdkapital
GAAP	Generally Accepted Accounting Principles
GE	Geldeinheiten
Ges.	Gesellschafter
GewSt	Gewerbesteuer
GewStG	Gewerbesteuergesetz
GmbH & Co. KG	Gesellschaft mit beschränkter Haftung & Compagnie Kommanditgesellschaft
GmbH	Gesellschaft mit beschränkter Haftung
GmbHR	GmbH-Rundschau
GoB	Grundsätze ordnungsmäßiger Buchführung
GoF	Geschäfts- oder Firmenwert
GuV	Gewinn- und Verlustrechnung
GWG	Geringwertiges Wirtschaftsgut
h.M.	herrschende Meinung
HB	Handelsbilanz
HFA	Hauptfachausschuss
HGB	Handelsgesetzbuch
Hrsg.	Herausgeber
i.d.F.	in der Fassung
i.d.R.	in der Regel
i.S.	im Sinne

i.V.m.	in Verbindung mit
IAS	International Accounting Standard(s)
IASB	International Accouting Standards Board
IASC	International Accounting Standards Committee
IDW	Institut der Wirtschaftsprüfer in Deutschland e.V.
IfM	Institut für Mittelstandsforschung
IFRS	International Financial Reporting Standard(s)
IRZ	Zeitschrift für Internationale Rechnungslegung
KapG	Kapitalgesellschaft
KMU	Kleine und mittlere Unternehmen
KoR	Zeitschrift für internationale und kapitalmarktorientierte Rechnungslegung
KPMG	Klynveld, Peat, Marwick, Goerdeler
KSt	Körperschaftsteuer
KStG	Körperschaftsteuergesetz
Lat.	Latent
n.F.	neue Fassung
NZG	Neue Zeitschrift für Gesellschaftsrecht
OG	Organgesellschaft
OHG	Offene Handelsgesellschaft
OT	Organträger
PiR	Praxis der internationalen Rechnungslegung
PublG	Publizitätsgesetz
PwC	PricewaterhouseCoopers
Rdn.	Randnotiz
RegE	Regierungsentwurf
RS	Stellungnahme zur Rechnungslegung
Rz.	Randziffer
Sec.	Section
SIC	Standing Interpretations Commitee
SME	Small and medium enterprises
SolZ	Solidaritätszuschlag
SolZG	Solidaritätszuschlaggesetz

StB	Steuerbilanz
StuB	Steuern und Bilanzen
TEUR	Tausend Euro
u.a.	und andere, unter anderem
Ubg	Unternehmensbesteuerung
UmwStG	Umwandlungssteuergesetz
US	United States
UV	Umlaufvermögen
WPg	Die Wirtschaftsprüfung
Ziff.	Ziffer
Δ temp	temporäre Differenzen

Abbildungsverzeichnis

Abbildung 1: Datengrundlage der empirischen Auswertungen. 39

Abbildung 2: Bedeutung der latenten Steuern in den untersuchten Jahresabschlüssen. 41

Abbildung 3: Ausweis aktiver latenter Steuern in den untersuchten Jahresabschlüssen für die Berichtsjahre 2008 bis 2010. 45

Tabellenverzeichnis

Tabelle 1: Vergleichende Darstellung der latenten Steuerabgrenzung nach HGB und IFRS. 22

Tabelle 2: Übersicht über ausgewählte empirische Untersuchungen. 34

Tabelle 3: Umfang der Aktivierung latenter Steuern. 44

Tabelle 4: Ursachen der Entstehung latenter Steuern. 46

Tabelle 5: Anhangangaben zu steuerlichen Verlustvorträgen. 49

Tabelle 6: Bewertung der Konvergenzen/Divergenzen zwischen den IFRS und der Bilanzierungspraxis der mittelständischen Unternehmen. 51

Tabelle 7: Ausgewählte Konvergenzen und Divergenzen bei der Bilanzierung latenter Steuern. 52

Anhangsverzeichnis

Anhang 1: Entstehung latenter Steuern. XI
Anhang 2: Verlauf latenter Steuerabgrenzung auf zeitlich begrenzte Differenzen. XI
Anhang 3: Arten von Differenzen. XII
Anhang 4: Konzepte zur Bilanzierung latenter Steuern. XII
Anhang 5: Zusammenhang zwischen Konzepten und Methoden der Steuerabgrenzung. XIII
Anhang 6: Die steuerliche Überleitungsrechnung. XIII
Anhang 7: Prüfschema zur Anwendung der Zinsschranke. XIV
Anhang 8: Aktive und passive latente Steuern nach IFRS. XV
Anhang 9: Pflichten zu Erläuterungen und Angaben zu latenten Steuern nach IAS 12. XV
Anhang 10: Ermittlung latenter Steuern bei Personengesellschaften. XVI
Anhang 11: Fallbeispiel zur erfolgswirksamen Bildung latenter Steuern. XVII
Anhang 12: Fallbeispiel zur erfolgsneutralen Bildung latenter Steuern. XVIII
Anhang 13: Fallbeispiel zur Problematik der Berechnung aktiver latenter Steuern aufgrund steuerlicher Verlustvorträge. XX
Anhang 14: Fallbeispiel zur Behandlung latenter Steuern nach HGB und IFRS bei Kapitalgesellschaften. XXI

1 Einleitung

1.1 Problemstellung und Zielsetzung

Mit der Umstellung der Rechnungslegung auf das BilMoG verfolgte der Gesetzgeber mehrere Ziele. Erklärtes Ziel des Verfassers war die Annäherung an die IFRS sowie die Umsetzung von EU-Richtlinien. Zudem wollte der Gesetzgeber Unternehmen von unnötigen Kosten entlasten und die Informationsfunktion des handelsrechtlichen Jahresabschlusses stärken.[1] Damit erfolgt für deutsche Unternehmen endgültig der Wechsel vom Gläubigerschutz- und Vorsichtsprinzip zu einer mehr auf das Informationsbedürfnis des Kapitalmarkts ausgerichteten Rechnungslegung.[2]

Latente Steuern stellen dabei einen der komplexesten Bereiche der Bilanzierung und Bewertung dar. Die überwiegende Mehrzahl der Bilanzierenden nach dem HGB (BilMoG) haben hierbei die Erfahrungen gemacht, dass es weniger die Komplexität der Regelung an sich als vielmehr deren Interpretation und Anwendung in der Unternehmenspraxis ist.[3]

Auf den ersten Blick bleibt ein wesentliches Konzeptionselement der Steuerabgrenzung im HGB erhalten.[4] Doch die Abschaffung der umgekehrten Maßgeblichkeit und der Konzeptionswechsel bringen eine Reihe zusätzlicher Divergenzen im Zusammenspiel zwischen handelsbilanziellen und steuerrechtlichen Vorschriften. Weiterhin wurde eine Reihe von Regelungen geschaffen, die das Entstehen passiver latenter Steuern[5] zur Folge haben.[6] Folglich erfahren latente Steuern national eine weitere Aufwertung.

Die Multizielsetzung des Gesetzgebers führte zu unterschiedlichen Erstanwendungsergebnissen. Der Übergang auf die Vorschriften des BilMoG wurde hinsichtlich seiner Komplexität und Folgewirkung in der Praxis unterschätzt.[7] Hierbei ist hervorzuheben, dass für die IFRS-Bilanzierenden

---

[1] Vgl. BDI Ernst & Young (2009), S. 6.
[2] Vgl. Kessler/Leinen/Strickmann (2010), S. 47ff.
[3] Vgl. Bertman (2011), S. 1.
[4] Während ein Überhang passiver latenter Steuern einer Ansatzpflicht unterliegt, besteht für aktive latente Steuern ein Ansatzwahlrecht.
[5] Insbesondere die Aufhebung der umgekehrten Maßgeblichkeit zwischen Handels- und Steuerbilanz.
[6] Vgl. Kozikowski/Fischer (2010), S. 1066.
[7] Vgl. Karrenbrock (2011), S. 683.

der HGB-Abschluss nach wie vor maßgeblich für die Gewinnausschüttung bzw. Dividenden ist und weiterhin die Basis für die Ertragsteuerberechnung bleibt.

Obwohl durch das BilMoG eine Annäherung an die IFRS erfolgte, scheint es im Hinblick auf latente Steuern zweifelhaft, ob die Zielsetzung der besseren Vergleichbarkeit mit nach den IFRS erstellten Abschlüssen erreicht werden kann.[8] Immerhin verbleiben trotz der deutschen Modernisierung und Internationalisierung Unterschiede zwischen dem IFRS- und HGB-Einzelabschluss bestehen.

Vor diesem Hintergrund gewinnt die Thematik der latenten Steuern für die Bilanzierungspraxis der deutschen mittelständischen Unternehmen an Bedeutung. Eine umfassende, explizite und differenzierte Betrachtung der Steuerabgrenzung im Zuge der Erstellung eines Jahresabschlusses ist unabdingbar.

Im Hinblick auf die aktuelle Entwicklung der Bilanzierungsvorschriften befasst sich das vorliegende Buch mit den zwischen dem HGB und den IFRS bestehenden Konvergenzen bzw. Divergenzen bezüglich der Bilanzierung latenter Steuern im Einzelabschluss. Zunächst müssen die gesetzlichen Regelungen der Steuerabgrenzung unter Berücksichtigung von Interpretationen und der Gesetzentwicklung sowohl nach dem HGB als auch nach den IFRS analysiert werden. Zu diesem Zweck erfolgt eine vergleichende Analyse der Bilanzierung latenter Steuern im HGB- und IFRS-Einzelabschluss eines Unternehmens. Ein besonderes Augenmerk innerhalb der Untersuchung gilt dabei den aktuellen rechtsformspezifischen Umsetzungsproblemen der Neuregelungen bezüglich der Besonderheiten des Steuerrechts. Darauf aufbauend werden bisherige Studien zur Bilanzierungspraxis der mittelständischen Unternehmen mit Hinblick auf latente Steuern untersucht, damit zuletzt mit Hilfe der eigenen empirischen Erhebungen die Steuerlatenzierung nach dem HGB (BilMoG) der deutschen mittelständischen Unternehmen aufgezeigt werden kann.

Wesentliches Erkenntnisziel der Untersuchung ist, die Umsetzung der Neuregelungen durch deutsche mittelständische Unternehmen darzustellen. Es soll geklärt werden, inwiefern die Bilanzierungspraxis hinsichtlich latenter Steuern sich an die internationale Rechnungslegung annähert.

---

[8] Vgl. Wolz (2010), S. 2625ff.

1.2 Gang der Untersuchung

Das vorliegende Buch ist im Wesentlichen in fünf Teile untergliedert. Nach einleitender Ausführung in diesem Kapitel wird in Kapitel 2 zunächst die Behandlung latenter Steuern nach dem HGB (BilMoG) und den IFRS unabhängig von den Rechtsformbesonderheiten dargestellt. Dabei wird auf Konzept und Methodik der Steuerabgrenzung eingegangen sowie deren Anwendung kritisch gewürdigt. Dies diente als Ausgangsbasis für die weitere allgemeine Darstellung der Ansatzvoraussetzungen, Bewertungsvorschriften und Ausweisvorschriften latenter Steuern nach dem HGB und den IFRS. Dem folgend werden die nationalen und internationalen Vorschriften einer vergleichenden Analyse unterzogen.

In Kapitel 3 wird die Bilanzierung latenter Steuern im Hinblick auf rechtsformspezifische Regelungen der steuerrechtlichen Normen untersucht. Da die Vorschriften des HGB nicht detailliert auf die Besonderheiten des Steuerrechts eingehen können, sind die allgemeinen Regelungen für die Organschaften und Personengesellschaften auszulegen. Diesem folgend werden die Anwendungsvorschriften analysiert und kritisch gewürdigt.

Dem bedeutendsten Schwerpunkt des Buches ist Kapitel 4 gewidmet. Im Rahmen der Konvergenzanalyse der Bilanzierungspraxis deutscher mittelständischer Unternehmen nimmt das Kapitel seinen Anfang in der Auswertung der bisherigen relevanten empirischen Studien mit Focus auf den Mittelstand. Ausgehend von den abgeleiteten Ergebnissen werden 312 Jahresabschlüsse mittelständischer Unternehmen einer Analyse unterzogen. Dabei werden insbesondere die relevanten Beträge der Bilanz, GuV sowie Anhangangaben ausgewertet. Ausgehend von der dargelegten Bilanzierung latenter Steuern in den analysierten Jahresabschlüssen wird mit Hilfe einer Konvergenz-Divergenz-Analyse untersucht, inwiefern eine Annäherung in der Praxis durch das BilMoG an die internationalen Rechnungslegungsnormen erreicht wurde. Zuletzt schließt sich eine kritische Würdigung der Bilanzierungspraxis der deutschen mittelständischen Unternehmen an.

Das Buch schließt durch Kapitel 5 mit einer Zusammenfassung der gewonnenen Erkenntnisse und einem kurzen Ausblick über die bevorstehende detaillierte Auseinandersetzung mit der Berichterstattung zu latenten Steuern.

2 Vergleichende Analyse der Bilanzierung latenter Steuern im Einzelabschluss nach HGB- und IFRS-Vorschriften

In Kapitel 2 wird die Bilanzierung latenter Steuern nach dem HGB (BilMoG) und den IFRS unabhängig von den Rechtsformbesonderheiten erörtert. Nach einer einführenden Darstellung der Entstehungsursachen latenter Steuern werden zunächst Konzepte und Methoden der Steuerlatenzrechnung erläutert sowie die verschiedenen Erfassungs- und Ermittlungsvorgehen gewürdigt. Ferner werden die gesetzlichen Vorschriften, allgemeine Ansatzvoraussetzungen, Bewertungsvorschriften und Ausweispflichten einer vergleichenden Analyse unterzogen, damit in den nachfolgenden Abschnitten die Umsetzung der Rechtsvorschriften auf dieser theoretischen Basis zutreffend untersucht und ausgelegt werden kann.

2.1 Entstehung und Bedeutung latenter Steuern nach HGB und IFRS

Die Entwicklung der Rechnungslegung, die größeren Wert auf eine Abbildung der tatsächlichen wirtschaftlichen Verhältnisse legt, führte zur Einführung der Bilanzierung latenter Steuern.[9] Latente Steuern fungieren wie eine Art Abgrenzungsposten und stellen die Differenz zwischen handelsbilanziellem[10] und steuerbilanziellem Gewinn dar, die sich aufgrund der Unterschiede zwischen den Bilanzierungs- und Bewertungsmethoden dieser beiden Gewinnermittlungssysteme ergibt.[11] Bei der Steuerabgrenzung ist zwischen der aktiven und passiven Abgrenzung zu unterscheiden.[12] Der Zusammenhang ist nochmals im Anhang 1 vorgestellt.

Die Erfassung latenter Steuern dient zur Darstellung der künftigen ertragsteuerlichen Folgen. Durch dieses Instrument werden erwartete steuerrechtliche Steuerminderungen und -belastungen bereits gegenwärtig als Vermögenswerte oder Schulden im Einzelabschluss bilanziert.[13] Der Ansatz latenter Steuern soll den Adressaten des Jahresabschlusses einen tiefen Einblick

---

[9] Die Bilanzierung latenter Steuern wurde erstmals mit IAS 12 in 1979 in die Standards des IASC aufgenommen. Mit Umsetzung der 4. und 7. EG-Richtlinie durch das Bilanzrichtlinien-Gesetz wurde 1986 das Konzept der Steuerabgrenzung für deutsche Jahresabschlüsse eingeführt.
[10] Der Begriff handelsbilanziell bezieht sich auf das deutsche HGB und ebenso auf die IFRS.
[11] Vgl. Zwirner (2007), S. 370f.
[12] Vgl. Pöller (2011), S. 12.
[13] Vgl. Schick (2009), Rn 2.

in die Ertrags- und Vermögenslage des Unternehmens bieten.[14] Insofern stellen latente Steuern ein erklärbares Verhältnis zwischen dem nach HGB/IFRS ausgewiesenem Ergebnis und dem Steueraufwand bzw. –ertrag dar.[15]

Latente Steuern kann man aus einem zweistufigen Prozess ermitteln. Im ersten Schritt werden die Verwerfungen zwischen der HGB/IFRS-Bilanz einerseits und der Steuerbilanz andererseits differenziert. Im zweiten Schritt werden ermittelte Differenzen bewertet. In Abhängigkeit von der Zielsetzung des Unternehmens lagen vor der Inkraftsetzung des BilMoG unterschiedliche Konzepte und Methoden der Steuerabgrenzung vor, die im folgenden Abschnitt kurz erläutert werden.[16]

2.2 Konzepte und Methoden der Steuerabgrenzung nach HGB und IFRS

2.2.1 Konzeptionelle Abgrenzung

Der Ermittlung latenter Steuern liegen hauptsächlich zwei verschiedene Konzepte zugrunde, zum einen das GuV orientierte Timing-Konzept und zum anderen das bilanzorientierte Temporary-Konzept.[17]

Nach dem ursprünglich bevorzugten Timing-Konzept[18] werden nur diejenigen Bilanzierungs- und Bewertungsunterschiede zwischen Steuer- und Handelsbilanz berücksichtigt, die sich im Zeitablauf sowohl bei der Entstehung als auch bei der Auflösung in der GuV auswirken. Bei ergebnisneutral entstandenen Differenzen werden im Timing-Konzept folglich keine latenten Steuern abgegrenzt.[19] Im Vordergrund steht der zutreffende Ausweis der Unternehmensertragslage.[20]

---

[14] Vgl. Schick (2009), Rn 38f.
[15] Vgl. Bischoff (2009), S. 8f.
[16] Die Bilanzierung latenter Steuern nach dem HGB n.F. sowie den IFRS ist über den Zweck einer Darstellung der richtigen Vermögens-, Ertrags- und Finanzlage zu begründen.
[17] Vgl. Klein (2001), S. 1450.
[18] Das Timing-Konzept stellte die Grundlage der Steuerabgrenzung nach US-GAAP von 1967 bis 1989 dar. Die Steuerabgrenzung nach dem IAS 12 (1979) folgte ebenfalls dieser Konzeption. Mit Inkrafttreten des BilMoG ist grundsätzlich ab dem Geschäftsjahr, das nach dem 31.12.2009 beginnt, nur noch das Temporary-Konzept anzuwenden. Aufgrund der Befreiung kleiner Kapitalgesellschaft von der Anwendung des § 274 HGB und mangels anderweitiger Regelungen unterliegen solche Gesellschaften dann nach wie vor dem Timing-Konzept.
[19] Vgl. Ernst & Young (2009), S. 3.
[20] Vgl. Krummet (2010), S. 22.

Im Gegensatz zum Timing-Konzept bezieht das Temporary-Konzept sämtliche Ansatz- und Bewertungsdifferenzen in die latente Steuerabgrenzung ein. Das gilt ferner dann, wenn die Differenzen ergebnisneutral und erst bei der Umkehrung ergebniswirksam erfasst werden. Das Temporary-Konzept ist bilanzorientiert und damit auf die zutreffende Darstellung der Vermögens- und Schuldenlage des Unternehmens ausgerichtet.[21]

Grundvoraussetzung für den Ansatz latenter Steuern ist, dass eine Differenz zwischen den HGB/IFRS-Bilanzwerten und Steuerbilanzwerten vorliegt. Im Zusammenhang mit dem Timing- und Temporary-Konzept unterscheidet man drei Arten von Differenzen[22]: zeitlich begrenzte Differenzen, quasi-permanente Differenzen und permanente Differenzen.[23]

Zeitlich begrenzte Differenzen entstehen zwischen dem steuerlichen und dem handelsrechtlichen Ergebnis, die aus unterschiedlichen Ansatz- und Bewertungsvorschriften resultieren können und im Rahmen der Steuerabgrenzung durch Zeitablauf wieder ausgeglichen werden.[24] Nach Timing-Konzept führen solche Differenzen zum Ansatz latenter Steuern, die erfolgswirksam zustande kommen.[25] Das Temporary-Konzept sieht keine Einschränkungen bezüglich der Entstehung von Differenzen vor; es ist insofern gleichgültig, ob sie erfolgsneutral oder erfolgswirksam entstanden sind.[26]

Den Verlauf latenter Steuerabgrenzung auf zeitlich begrenzte Differenzen kann man in die Zuführungsphase und in die Auflösungsphase aufteilen.[27] Aufgrund der zeitlichen Differenzen zwischen der Handelsbilanz und der Steuerbilanz werden in der Zuführungsphase latente Steuern gebildet, die ihr Maximum am Ende der Zuführungsphase erreichen. In der Auflösungsphase werden latente Steuern aufgelöst.[28]

---

[21] Vgl. Meyer u.a. (2009), S. 213f.
[22] Darüber hinaus ist eine weitere Systematisierung von Differenzen im Konzernabschluss möglich. Es wird nach inside basis differences (I und II) und outside basis differences unterschieden. Da dieses Buch sich auf den Einzelabschluss beschränkt, enthalten inside basis differences (I und II) und outside basis differences keine Untersuchungsrelevanz.
[23] Vgl. Schildbach (2008), S. 348ff.
[24] Vgl. Meyer u.a. (2009), S. 36.
[25] Vgl. § 247 HGB a.F.
[26] Vgl. § 247 HGB n.F., IAS 12.
[27] Der Anhang 2 verdeutlicht den Verlauf latenter Steuerabgrenzung auf zeitlich begrenzte Differenzen.
[28] Vgl. Höfer (2009), S. 12.

Die quasi-permanenten Differenzen lassen sich weder als zeitlich begrenzt noch als zeitlich unbegrenzt einzustufen. Quasi-permanente Differenzen lösen sich erst außerhalb des Planungshorizonts infolge einer unternehmerischen Disposition aus.[29] Nach dem Timing-Konzept besteht ein Abgrenzungsverbot für quasi-permanente Differenzen, da der Zeitpunkt ihrer Umkehrung ungewiss ist.[30] Dagegen werden quasi-permanente Differenzen nach dem Temporary-Konzept in die Steuerlatenzberechnung einbezogen.[31]

Die permanenten Differenzen führen nicht im Gegensatz zu den übrigen Differenzen zu einem Ansatz latenter Steuern, weder nach dem IAS 12 noch nach dem HGB.[32] Es handelt sich hierbei um Differenzen, die sich aufgrund unterschiedlicher handelsrechtlicher und steuerrechtlicher Gewinnermittlungsvorschriften ergeben und sich während der gesamten Lebensdauer des Unternehmens nicht wieder ausgleichen.[33]

Der Anhang 3 und 4 sollen eine Veranschaulichung der unterschiedlichen aufgeführten Differenzen und der beiden Konzepte liefern.

2.2.2 Methodische Abgrenzung

Zur Abgrenzung latenter Steuern sind in der Literatur im Wesentlichen zwei Methoden zu finden:[34] die Deferred-Methode und die Liability-Methode.

Die Deferred- oder Abgrenzungsmethode strebt eine periodengerechte Abgrenzung des Steueraufwands an und ist GuV-orientiert.[35] Für die Berechnung latenter Steuern wird der Steuersatz zum Zeitpunkt der Entstehung der Differenzen verwendet, unabhängig davon, ob zukünftige Steuersatzänderungen absehbar sind oder nicht. Die Deferred-Methode ist mit dem Timing-

---

[29] Typisches Beispiel ist der Verkauf eines Vermögensgegenstandes oder die Liquidation des bilanzierenden Unternehmens.
[30] Die Berücksichtigung der quasi-permanenten Differenzen bei der Berechnung latenter Steuern ist in der vielfachen Literarturauffassung umstritten.
[31] Vgl. Thieme (2004), S. 8ff.
[32] Vgl. Eisele (2002), S. 423.
[33] Als Beispiele hierfür können steuerfreie Erträge wie Investitionszulagen sowie steuerrechtlich nicht anerkannte Betriebsausgaben genannt werden.
[34] In der Literatur findet man die net-of-tax-Methode, die in der Praxis kaum angewendet worden ist. Im diesen Buch werden daher nur die Liability- und Deferred-Methode weiter betrachtet.
[35] Vgl. Coenenberg/Haller/Schultze (2009), S. 471.

Konzept verbunden, da latente Steuern als reine Abgrenzungsposten interpretiert werden. In der Praxis wird demzufolge sowohl in nationaler als auch in internationaler Rechnungslegung die Liability-Methode verwendet.[36]

Die Liability- oder Verbindlichkeitsmethode hingegen zielt auf einen zutreffenden Vermögensausweis ab, womit latente Steuern als zukünftige Steuerverbindlichkeiten bzw. Steuerforderungen gegenüber der Finanzverwaltung betrachtet werden. Zur Ermittlung latenter Steuern ist der künftig erwartete Steuersatz zu verwenden.[37] Ändert sich der künftige Steuersatz im Zeitablauf, so müssen die latenten Steuerbeträge angepasst und die Änderungen in der GuV erfasst werden.[38]

2.2.3 Zusammenfassende Darstellung und kritische Würdigung

Bei der kritischen Würdigung der Bilanzierung und Bewertung latenter Steuern ist auf zwei Zielsetzungen abzustellen. Zum einen soll der Steueraufwand bzw. Steuerertrag periodengerecht verteilt werden, zum anderen soll der Ansatz latenter Steuern eine möglichst zutreffende Vermögens- und Schuldenlage darstellen.[39]

Das Temporary-Konzept und die Liability-Methode kommen den genannten Anforderungen sehr nah. Insgesamt betrachtet verfolgen das Temporary-Konzept und das Timing-Konzept das Ziel, den Steueraufwand bzw. Steuerertrag in richtiger Relation zum handelsrechtlichen Ergebnis auszuweisen, doch nach dem Timing-Konzept werden latente Steuern als reine Abgrenzungsposten angesehen.[40] Diese Sichtweise ist mit der Zielsetzung der Steuerabgrenzung nicht vereinbar. Folglich ist das Temporary-Konzept gegenüber dem Timing-Konzept im positiven Sinne als „umfangreicher"[41] vorzuziehen. Aufgrund ihres Abgrenzungscharakters ist die Liability-Methode eng mit der bilanzorientierten Steuerabgrenzung nach dem Temporary-Konzept verbunden.[42]

---

[36] Vgl. Coenenberg/Haller/Schultze (2009), S. 475.
[37] Dies ist in der Praxis problematisch, da der zukünftige Steuersatz aufgrund stetiger Gesetzesänderungen oft nicht bekannt ist und damit meist der aktuelle Steuersatz Berücksichtigung findet.
[38] Vgl. Coenenberg/Hille (2002), Tz. 29.
[39] Vgl. Neubert/Geiler (2010), S. 34.
[40] Vgl. Neubert/Geiler (2010), S. 37f.
[41] Das Temporary-Konzept vermittelt den Adressaten des Jahresabschlusses zwar eine tiefergehende Information. Kritisch ist andererseits zu bemerken, dass bei einer Steuerabgrenzung auf quasi-permanente Differenzen unsichere Aussagen über die Zukunft getroffen werden, die letztlich Erwartungen in die Gewinnermittlung einfließen lassen.
[42] Vgl. Petersen/Zwirner (2009), S. 479.

Die Deferred-Methode und die Liability-Methode unterscheiden sich in erster Linie in der Wahl des Steuersatzes, der zur Bewertung latenter Steuern verwendet wird. Mit der Deferred-Methode wird eine i.S. des „Matching-principles" korrekte Periodisierung des Steueraufwands erreicht.[43] Doch eine Umbewertung der angesetzten latenten Steuern mit dem neuen Steuersatz erfolgt bei Anwendung dieser Methode nicht. Im Fall sich ändernder Steuersätze kann die Bildung und Auflösung latenter Steuern zu Restposten in der Bilanz führen. Zur Vermeidung solcher Restposten muss die Liability-Methode angewandt werden.[44]

Nach der Liability-Methode werden zukünftige Steuersätze zu Grunde gelegt, deren Bestimmung nicht selten mit Schwierigkeiten und Unsicherheiten verbunden ist. Aufgrund dieser Tatsache werden bei dieser Methode aktuelle Steuersätze zur Bewertung latenter Steuern verwendet. Der Anhang 5 verdeutlicht den Zusammenhang.

2.3 Bilanzierung latenter Steuern im HGB-Einzelabschluss

2.3.1 Gesetzliche Regelungen im Überblick

Die Regelungen zur Abgrenzung latenter Steuern im Einzelabschluss ergeben sich aus dem § 274 HGB.[45] Durch die Zuordnung des § 274 HGB zum zweiten Abschnitt des dritten Buchs des HGB ist er von Kapitalgesellschaften, i.V.m. § 264a HGB von offenen Handelsgesellschaften, Kommanditgesellschaften sowie gleichgestellten Gesellschaften i.S.d. § 5 PublG anzuwenden.[46]

Der Anwendungsbereich des DRS 18 erstreckt sich in Anlehnung an § 306 HGB auf die Aufstellung des Konzernabschlusses des Konsolidierungskreises. Aufgrund der Verknüpfung mit einzelgesellschaftlichen Regelungen ist von einer Ausstrahlungswirkung des DRS 18 auf den Einzelabschluss auszugehen.[47]

---

[43] Vgl. Thieme (2004), S. 8ff.
[44] Vgl. Burkhardt (2008), S. 24.
[45] Die Anwendung des § 274 HGB in der Abhängigkeit von der Unternehmensrechtsform wird in Kapitel 3 diskutiert.
[46] Vgl. Lüdenbach/Freiberg (2011), S. 1579.
[47] *Vgl. Zwirner/Reuter/Busch (2004), S. 185.* Der DRS 18 „Latente Steuern" wurde am 03.09.2010 im BAnz. Nr.133 vom Bundesministerium der Justiz veröffentlicht und löste den bisherigen DRS 10 „Latente Steuern" ab.

Darüber hinaus ermöglichen Vorschriften des Art. 67 EGHGB die Beibehaltungs- und Fortführungswahlrechte sowie andere Erleichterungen.[48]

2.3.2 Ansatz latenter Steuern

2.3.2.1 Umfang des Aktivierungswahlrechts und der Passivierungspflicht

Aktive latente Steuern[49] entstehen nach § 274 HGB aus Differenzen zwischen den handelsrechtlichen und den korrespondierenden steuerlichen Wertansätzen[50] und führen zu einer künftigen Steuerentlastung. Bei der Berechnung der aktiven latenten Steuern sind die Verlustvorträge, Zinsvorträge und Steuergutschriften einzubeziehen.[51] Das Ansatzwahlrecht wird vom Gesetzgeber als Vorsichtsgebot gesehen, um den mit der Aktivierung verbundenen Ermittlungs- und Dokumentationsaufwand zu vermeiden. Ansatzwahlrechte sind in nachfolgenden Perioden grundsätzlich stetig[52] auszuüben.[53] Das gilt sowohl im Hinblick auf die Ausübung des Aktivierungswahlrechts als auch in Bezug auf den Aktivierungsverzicht. Da die Aktivierung latenter Steuern eine verbesserte

---

[48] Vgl. Art. 67 VI EGHGB.

[49] Ursachen der Entstehung latenter Steuern sind im Anhang 1 dargestellt. In der Praxis kommt es zur aktiven Abgrenzung in folgenden Fällen:
- Nichtaktivierung bzw. schnellere Abschreibung des Geschäfts- oder Firmenwerts in der HB (§ 255 IV HGB, § 7 I S. 3 EStG);
- niedrigerer Ansatz der AHK in der HB gem. § 255 II HGB als in der StB gem. R 6.3 EStR;
- Ausbuchung des Disagios/Damnums in der HB gem. § 250 I HGB, dagegen Aktivierung und planmäßige Abschreibung in der StB gem. H 6.10 EStH;
- Ansatz von Aufwandsrückstellungen gem. § 249 II HGB, Rückstellungen für unterlassene Instandhaltung gem. § 249 I S. 3 HGB und anderen steuerrechtlich nicht abzugsfähigen Rückstellungen;
- Abzinsung von Pensionsrückstellungen in der HB mit einem Zinsfuß, der unter dem nach § 6a III S. 3 EStG anzuwendenden Satz liegt;
- Nachaktivierung oder Kürzung von Rückstellungen und anderen Passivposten im Rahmen steuerlicher Außenprüfungen;
- Abzinsung von Verbindlichkeiten und Rückstellungen in der StB;
- Handelsrechtlich erfolgte eine Bewertung mit dem niedrigen Marktwert, steuerlich wurde eine Wertminderung unterlassen, weil sie nicht von Dauer ist, *Vgl. Coenenberg/Haller/Schultze (2009), S.479f.*

[50] Vgl. § 274 I HGB.

[51] aktive latente Steuern für temporäre Differenzen:
  a) HGB-Aktivposten < StB
  b) HGB-Passivposten > StB
+ aktive latente Steuern für Verlustvorträge
+ aktive latente Steuern für Zinsvorträge
+ aktive latente Steuern für Steuergutschriften, *Loitz (2009), S. 917.*

[52] Bis zum Inkrafttreten des BilMoG handelte es sich bei der Aktivierung latenter Steuern um ein manipulationsspezifisches und damit stetigkeits<u>un</u>gebundenes Wahlrecht. Die daraus ergebenden Zweifelsfragen werden in Kapitel 3 diskutiert.

[53] Vgl. Loitz (2009), S. 914.

Vermögenslage eines Unternehmens darstellen soll, wird ein Methodenwechsel insoweit nur in einem begründeten Ausnahmefall möglich.[54] Eine teilweise Aktivierung einer aktiven Gesamtdifferenz ist im Rahmen des Wahlrechts nicht zulässig.

Passive latente Steuern[55] entstehen nach § 274 HGB aus Differenzen zwischen den handelsrechtlichen und den korrespondierenden steuerlichen Wertansätzen und führen zur künftigen Steuerbelastung.[56] Es bleibt nach dem BilMoG unverändert zur bisherigen Rechtslage ein Passivierungsgebot gem. § 274 I S. 1 HGB bestehen.[57]

Die neuen gesetzlichen Vorschriften zur Bildung latenter Steuern enthalten im Fall der Inanspruchnahme des Investitionsabzugsbetrages nach § 7g EStG[58] eine Lücke, da es sich beim Vorliegen der Voraussetzungen und der Inanspruchnahme nicht um unterschiedliche handels- und steuerrechtliche Wertansätze von Vermögensgegenständen, Schulden oder Rechnungsabgrenzungsposten handelt und damit die Passivierung der latenten Steuern nicht vorzunehmen ist.[59] Passive latente Steuern werden erst im Jahr der Anschaffung des betreffenden Vermögensgegenstands ausgewiesen. Damit wird die Vermögenslage des Unternehmens erheblich verzerrt.[60] Nach Sinn und Zweck des Temporary–Konzepts bedarf es einer ergänzenden Formulierung des Gesetzes, die eine Berücksichtigung der außerbilanziellen Hinzurechnungen und Kürzungen in der Berechnung latenter Steuern ermöglicht.[61]

---

[54] Vgl. Karrenbrock (2011), S. 686.
[55] In der Praxis kommt es zur passiven Abgrenzung in folgenden Fällen:
- Aktivierung der Aufwendungen für die Ingangsetzung und Erweiterung des Geschäftsbetriebs gem. § 269 S. 1 HGB in der HB;
- Aktivierung von Fremdkapitalzinsen in der HB gem. § 255 III HGB, soweit die Herstellungsdauer nur eine Periode erfasst, *Vgl. Coenenberg/Haller/Schultze (2009), S.479f.*

[56] Vgl. § 274 I HGB.
[57] Vgl. Philipps (2010), S. 210.
[58] Die Voraussetzungen des § 7g I S. 2 Nr. 1a EStG einen Investitionsabzugsbetrag in Anspruch zu nehmen sind von kleinen Kapitalgesellschaften bzw. Personengesellschaften oder Einzelpersonen erfüllt.
[59] Vgl. Zimmert (2010), S. 826. Nach dem Timing–Konzept lag eine Voraussetzung für die Rückstellungbildung vor, da der handelsrechtliche Jahresüberschuss und der darauf entfallende Steueraufwand nicht mehr zueinander passten. *Vgl. Ott (2008), S. 247.*
[60] Insbesondere wird die Verzerrung ersichtlich im Fall der Nichtanschaffung des begünstigten Wirtschaftsguts und einer rückwirkenden Veranlagung des Unternehmens. *Vgl. Zimmert (2010), S. 826.*
[61] *Vgl. Zimmert (2010), S. 827.* § 274 I S. 4 HGB regelt eine solche Ausnahme bezüglich aktiver latenter Steuern auf steuerliche Verlustvorträge.

2.3.2.2 Bewertung latenter Steuern

Die Bewertung der zu bildenden latenten Steuern erfolgt mit dem unternehmensindividuellen Ertragsteuersatz im Zeitpunkt des Abbaus der temporären Differenz.[62] Der anzuwendende Steuersatz bestimmt sich aufgrund der Rechtsform[63] der betrachteten Gesellschaft.[64] Da die künftigen Steuersätze im Zeitpunkt des Abbaus der Differenzen in der Regel nicht bekannt sind, erfolgt die Berechnung mit den am Abschlussstichtag gültigen Steuersätzen.[65] Änderungen der Steuersätze dürfen bei der Berechnung latenter Steuern erst ab dem Zeitpunkt berücksichtigt werden, an dem der Bundesrat dem Gesetz zugestimmt hat.[66] Weiterhin unterliegen latente Steuern einem ausdrücklichen Abzinsungsverbot.[67]

2.3.2.3 Ausweis latenter Steuern

Latente Steuern sind jeweils als „Sonderposten eigener Art" im Bilanzgliederungsschema unter der Bezeichnung „Aktive latente Steuern" bzw. „Passive latente Steuern" auszuweisen.[68] § 274 HGB sieht ein Saldierungs- und damit ein Ausweiswahlrecht vor. Dementsprechend bestehen folgende Ausweisvarianten in der Bilanz:

- Bruttoausweis aktiver und passiver latenter Steuern (unverrechneter Ausweis),
- Nettoausweis aktiver und passiver latenter Steuern (saldierter Ausweis),

---

[62] Vgl. Pöller (2009), S.493.
[63] Für Kapitalgesellschaften lässt sich nach der geltenden Rechtslage ein kombinierter Ertragsteuersatz berechnen:
- Körperschaftsteuer (§ 23 KStG)   15,00%
- Solidaritätszuschlag (i.H.v. 5,5% gem. § 4 SolZG)   0,83%
- Gewerbesteuer: 14,00%
   Hebesatz (§ 16 GewStG, wird von der hebeberechtigten Gemeinde festgelegt. Hier wird ein Hebesatz von 400% unterstellt)
   Steuermesszahl (i.H.v. 3,5% gem. § 11 GewStG)
- es ergibt sich ein Gesamtsteuersatz   29,83%

Für die Personengesellschaften werden latente Steuern nur mit dem Gewerbesteuersatz berechnet, da Steuerschuldner für die Einkommensteuer bzw. Körpersteuer und den Solidaritätszuschlag die Gesellschafter selbst sind, *Vgl. Krimpmann (2010), S.63*. Wird ein Gewerbebetrieb in mehreren Gemeinden ausgeübt, sollte in solchen Fällen ein gewogener durchschnittlicher Gewerbesteuersatz angewendet werden.
[64] Vgl. Brönner u.a. (2011), S. 657.
[65] Vgl. Zwirner/Künkele (2009b), S. 488.
[66] Vgl. Loitz (2009), S. 918.
[67] Vgl. § 274 II S. 1 HGB. Die Literatur begründet das Abzinsungsverbot mit der Komplexität der Bestimmung des Abbauzeitpunkts der Differenzen.
[68] Vgl. § 266 III HGB.

- Unterbliebener Ausweis, falls sich ein Überhang aktiver latenter Steuern ergibt und das Ansatzwahlrecht[69] nicht ausgeübt wird.[70]

Der Bruttoausweis führt zu einer Erhöhung der Jahresabschlusstransparenz und liefert damit eine bessere Information für den Abschlussadressaten. Der saldierte Ausweis ermöglicht dagegen den Bilanzierenden eine Bilanzverkürzung und damit eine Verbesserung der Eigenkapitalquote.[71]

Nach § 274 II S. 3 HGB sind latente Steueraufwendungen und -erträge, die sich aus der Veränderung der bilanzierten latenten Steuern ergeben, in der GuV unter den „Steuern vom Einkommen und Ertrag" gesondert auszuweisen.[72] Der gesonderte Ausweis kann entweder durch Einfügung einer gesonderten Zeile,[73] durch eine Vorspalte oder durch einen Davon-Vermerk erfolgen.[74]

Die Sachverhalte bezüglich der Bilanzierung latenter Steuern werden im Regelfall erfolgswirksam in der GuV erfasst.[75] Nach dem HGB gibt es wenige Anwendungsfälle für die erfolgsneutrale Bildung von latenten Steuern.[76]

---

[69] Für die Ausübung des Aktivierungswahlrechts ist grundsätzlich eine Verrechnung durchzuführen.
[70] Vgl. Herzig/Vossel (2009), S. 1174.
[71] Vgl. Siegel (2011), S. 188.
[72] Vgl. Kessler/Leinen/Paulus (2009), S. 717f.
[73] In dem Fall soll der Steueraufwand auf „laufende Steueraufwendungen/-erträge" und „latente Steueraufwendungen/-erträge" aufgeteilt werden. Vgl. § 285 Nr. 6 HGB.
[74] Vgl. Brönner u.a. (2011), S. 679.
[75] In den folgenden Fällen werden latente Steuern erfolgswirksam gebildet:
- handelsrechtliche Drohverlustrückstellung;
- Abschreibung auf Anteile an einer Kapitalgesellschaft, die sich steuerlich gem. § 8b I KStG nur zu 5 % auswirkt;
- Abschreibung auf Anteile an einer Personengesellschaft, die sich steuerlich aufgrund der Spiegelbildmethode nicht auswirkt;
- Aktivierung selbst geschaffener immaterieller Vermögensgegenstände des Anlagevermögens in der Handelsbilanz;
- Bewertungsdifferenzen bei Pensionsrückstellungen zwischen Handels- und Steuerbilanz;
- Bewertungsdifferenzen bei sonstigen Rückstellungen zwischen Handels- und Steuerbilanz;
- steuerliche Sonderabschreibungen, die künftig in der Handelsbilanz nicht mehr zulässig sind. *Vgl. Bertram/Meyering (2009), Rz. 120.* Anhang 11 illustriert die Bilanzansätze und die Buchungssätze bei einer erfolgswirksamen Erfassung latenter Steuern.

[76] Erfolgsneutrale Erfassung latenter Steuern findet in folgenden Fällen statt:
- Erwerb von Vermögensgegenständen, bei denen Differenzen zwischen dem Handelsbilanzwert und dem Steuerbilanzwert bestehen;
- Sachanlagen;
- Verschmelzungen;
- Steuereffekte beim Übergang auf das BilMoG (Art. 67 VI EGHGB), *Vgl. Bertram/Meyering (2009), Rz. 118 - 119.* Ein Beispiel im Anhang 12 illustriert die Bilanzansätze und die Buchungssätze bei einer erfolgsneutralen Erfassung latenter Steuern.

Der Wortlaut des § 285 Nr. 29 HGB fordert die Angabe, „auf welche Differenzen oder steuerlichen Verlustvorträgen die latenten Steuern beruhen und mit welchen Steuersätzen die Bewertung erfolgt ist". Die Erläuterungspflicht ist von der Unternehmensgröße abhängig.[77] Gegenüber dem „alten" HGB sind die Anhangangaben somit umfangreicher.[78] Die Erläuterungen sind unabhängig davon zu machen, ob latente Steuern in der Bilanz ausgewiesen werden.[79] So lassen sich mit Hilfe der Angaben verfolgte steuerliche Gestaltungen unmittelbar aus dem Anhang ableiten.[80]

2.3.3 Ausschüttungssperre

Aus Gründen des Gläubigerschutzes unterliegen aktive latente Steuern, die passive latente Steuern übersteigen, einer Ausschüttungssperre. Dies gilt unabhängig davon, ob ein Brutto- oder Nettoausweis latenter Steuern erfolgt.[81] Der Anwendungsbereich der Ausschüttungssperre erstreckt sich auf Kapitalgesellschaften und Personenhandelsgesellschaften im Sinne des § 264a HGB.[82] Bei der Berechnung des aktiven Überhangs sind die passiven latenten Steuern auf die ausschüttungsgesperrten Sachverhalte, um die Doppelberücksichtigung zu vermeiden, nicht einzubeziehen.[83]

---

[77] § 288 I HGB befreit kleine Kapitalgesellschaften von den Angaben zu den latenten Steuern. Nach § 288 II S. 2 HGB sind mittelgroße Kapitalgesellschaften von den Angabepflichten zu latenten Steuern befreit.
[78] Vgl. Krimpmann (2011), S. 61.
[79] Es stellt sich die Frage, wie detailliert der Ansatz latenter Steuern zu erläutern ist. Im Schrifttum wird empfohlen, eine Bilanzpostenanalyse in Form eines Latenzspiegels in den Anhang aufzunehmen. In DRS 18 wird bestimmt, wie detailliert die Erläuterungen vorzunehmen sind. Darauf hinzuweisen ist in diesem Fall, dass der DRS 18 für den Konzernabschluss relevant ist. Es wird im DRS 18 Ziff. 7 die Anwendung des Standards für HGB-Einzelabschlüsse empfohlen. Die vom DRS 18 vorgeschlagene steuerliche Überleitungsrechnung ist im Anhang 6 dargestellt.
[80] Vgl. Zwirner (2009), S. 2305.
[81] Vgl. Lanfermann (2009), S. 1216f.
[82] Vgl. Simon (2009), S. 1082.
[83] Die Berechnung des maximal ausschüttbaren Betrags unter Berücksichtigung der Ausschüttungssperre:
        Jahresergebnis gem. GuV
./.   Verpflichtende Dotierung gebundener Rücklagen
+   frei verfügbare Rücklagen
+   Gewinnvortrag
./.   <u>Verlustvortrag</u>
=   Maximaler Ausschüttungsbetrag vor Beachtung des § 268 VIII HGB
./.   Betrag aus der Aktivierung selbst geschaffener immaterieller Vermögensgegenstände des Anlagevermögens
+   hierauf gebildete passive latente Steuern
./.   Betrag aus der Zeitwertbewertung von Deckungsvermögen
+   hierauf gebildete passive latente Steuern
./.   Betrag aus der Aktivierung latenter Steuern
+   <u>sonstige passive latente Steuern</u>
=   Maximaler Ausschüttungsbetrag nach Beachtung des § 268 VIII HGB, *Zwirner/Boecker (2011)*, S. 8.

2.3.4 Ansatz latenter Steuern auf steuerliche Verlust- und Zinsvorträge

Nach dem neuen Wortlaut des § 274 HGB werden latente Steuervorteile aus steuerlichen Verlustvorträgen in die Bilanzierung einbezogen.[84] Die Aktivierungsfähigkeit ist im Hinblick auf Verwertbarkeit von Verlustvorträgen beschränkt, die voraussichtlich innerhalb der dem Bilanzstichtag folgenden fünf Jahre verrechnet werden können.[85] Im Fall der Aktivierung latenter Steuern ist eine Steuerplanungsrechnung aus der Unternehmensplanung abzuleiten.[86] Bei der Steuerplanungsrechnung sind die steuerlichen Vorschriften[87] zur Berücksichtigung von Verlustvorträgen zu beachten.[88]

Auch wenn der Wortlaut des § 274 HGB nicht explizit den Ansatz von aktiven latenten Steuern für die Zinsvorträge[89] regelt, gelten die oben gemachten Ausführungen analog für den Zinsvortrag.[90] Treten Verlust- und Zinsvorträge gleichzeitig oder nacheinander auf, ist die gegenseitige Wechselwirkung zu untersuchen.[91] Die Unternehmungsplanungen und gebildeten Steuerpositionen müssen zu jedem Bilanzstichtag auf Werthaltigkeit überprüft und ggf. angepasst werden.[92]

Die Aktivierung latenter Steuern gerade auf Verlust- und Zinsvorträge stellt bilanzpolitische Instrumentarien dar und kann zu einer erheblichen Beeinflussung der Eigenkapitalquote führen.[93]

---

[84] Vgl. Bolik/Linzbach (2010), S. 1587.
[85] Vgl. Brönner u.a. (2011), S. 652.
[86] Vgl. Pöller (2011), S. 12.
[87] Nach deutschem Steuerrecht sind Verluste nach § 10d EStG, § 8 I KStG i.V.m. § 10d EStG und § 7 GewStG i.V.m. § 10a GewStG zeitlich unbegrenzt vortragsfähig. Dabei ist die Mindestbesteuerung nach § 10d EStG zu berücksichtigen. Darüber hinaus ist die steuerliche Verlustabzugsbeschränkung nach § 8c KStG bzw. § 10a S. 10 GewStG i.V.m. § 8c KStG zu beachten. Es ist zusätzlich anhand des Welteinkommensprinzips und der Einschränkungen durch DBA zu prüfen, ob im Ausland angefallene Verluste mit inländischen Gewinnen ausgleichsfähig sind. Die Problematik der Berechnung aktiver latenter Steuern aufgrund steuerlicher Verlustvorträge ist im Anhang 13 anhand eines Beispiels konkretisiert.
[88] Vgl. Herzig/Bohn/Götsch (2009), S. 2616.
[89] Unter dem Zinsvortrag ist ein nach § 4h IV S. 1 EStG gesondert festgestellter, nicht abzugsfähiger Zinsaufwand zu verstehen. Dieser Zinsaufwand kann gem. § 4h I S. 2 EStG zeitlich unbeschränkt vorgetragen werden. Weiterhin sind die rechtsformspezifischen Vorschriften § 8a I i.V.m. § 8c KStG bezüglich der Einschränkung des Zinsvortrags zu beachten, *Vgl. Brönner u.a. (2011), S. 676; Thurow (2010), S. 193*. Das Prüfschema zur Anwendung der Zinsschranke ist im Anhang 7 dargestellt.
[90] Vgl. Brähler/Brunne/Heerdt (2008), S. 290ff.
[91] Zur weiteren Vertiefung siehe Herzig/Bohn/Götsch (2009), S. 2619.
[92] Vgl. Meyer (2010), S. 1538ff.
[93] Vgl. Bolik/Linzbach (2010), S. 1590.

2.4 Bilanzierung latenter Steuern im IFRS-Einzelabschluss

2.4.1 Gesetzliche Regelungen im Überblick

Die Vorschriften zur Bilanzierung latenter Steuern ergeben sich nach dem IFRS–Regelwerk aus dem IAS 12 „Ertragsteuern".[94] Der Standard ist durch SIC 21 „Ertragsteuern (Realisierung von neubewerteten, nicht planmäßig abzuschreibenden Vermögenswerten)" und SIC 25 „Ertragsteuern (Änderung im Steuerstatus eines Unternehmens oder seiner Anteilseigner)" ergänzt.[95] Die Vorschriften gelten für alle Unternehmen, die Einzel- und Konzernabschlüsse erstellen, unabhängig von Rechtsform, Größe und Börsennotierung.[96]

Am 9. Juli 2009 veröffentlichte das IASB den IFRS für kleine und mittelgroße Unternehmen.[97] Section 29 des IFRS für KMU beinhaltet Regelungen zur Bilanzierung latenter Steuern, die sich im Kern mit den Vorschriften des IAS 12 decken.[98]

---

[94] Der IAS 12 wurde 1997 durch einen neuen Standard ersetzt und schließlich durch den IAS 12 in der Fassung von 2000 abgelöst. Das IASB veröffentlichte im Jahr 2003 den Entwurf für einen neuen Standard, der immer wieder verschoben wurde. Im Jahr 2009 zieht das IASB den Entwurf zurück. Aufgrund der Kritik des amerikanischen FASB bleibt der IAS 12 bestehen und wird durch punktuelle Änderungen ergänzt, *Vgl. Höfer (2009), S. 8f.; Brönner u.a. (2011), S. 634f.*

[95] Vgl. Buschhüter/Striegel (2011), S. 399.

[96] Vgl. Lüdenbach (2010), S. 262.

[97] Der IFRS für KMU stellt ein eigenständiges Produkt dar. Er enthält Vereinfachungen und weniger komplexe Sachverhalte, die Bedürfnisse und Kosten–Nutzen-Erwägen der Klein- und Mittelstandsunternehmen gerecht werden sollen. *Vgl. Hillmer (2011), S. 215.* Der IFRS-Standard ist von den Unternehmen neben nationalem Recht freiwillig anzuwenden, die öffentlich nicht rechenschaftspflichtig sind und nicht treuhänderisch Vermögen verwalten. *Vgl. PwC (2011), URL siehe Literaturverzeichnis.*

[98] *Vgl. IFRS for SMEs Sec. 29.* Im Vergleich zum IAS 12 ist Sec. 29 kürzer gefasst und enthält weniger Zusatzerläuterungen. Es sollte eine Erleichterung bei der Anwendung der internationalen Rechnungslegungsnormen für den Mittelstand gefordert werden. *Vgl.Haller/Beiersdorf/Eierle (2009), S. 1549.* Zum einen wird im Schrifttum die Meinung vertreten, dass Erleichterungen bei der Bilanzierung latenter Steuern nach dem IFRS für KMU nur bedingt bestehen und Anwender der vollumfänglichen IFRS in bestimmten Teilbereichen es sogar leichter haben können. *Vgl. Schween (2007), S. 18ff; Leibfried/Golsner (2011), S. 61; Grottke/Haendel (2010) S. 1147ff.* Im Fall von fehlenden Regelungen, sieht Sec. 10 vor, die Sachverhalte innerhalb des vorliegenden Standards zu vergleichen und danach auf die vollumfänglichen IFRS zurückzugreifen. Zum anderen liefern die veröffentlichten Studien Beweise, dass keine Mehrheit für die Anwendung des IFRS für KMU festzustellen ist und die Anwendung für die mittelständischen Bilanzersteller mit erheblichen Nachteilen verbunden ist. *Vgl. Hillmer (2011), S. 214ff.; Haller/Beiersdorf/Eierle (2009), S. 1589ff.; Fülbier/Gassen/Ott (2010), S. 1357ff.; Beiersdorf/Morich (2009), S. 1ff.; Eierle/Beiersdorf/Haller (2008), S. 152ff.* Aufgrund dieser Überlegungen findet keine Beschränkung auf Sec. 29 des IFRS für KMU statt, sondern wird der IAS 12 einer Analyse unterzogen.

2.4.2 Ansatz latenter Steuern

2.4.2.1 Umfang der Aktivierungs- und Passivierungspflicht

Der Ansatz latenter Steuern erfolgt aufgrund der Gegenüberstellung der IFRS–Bilanzwerte und der steuerlichen Wertansätze.[99] Der IAS 12 unterscheidet zwischen latenten Steueransprüchen und latenten Steuerschulden,[100] die nach IAS 12.24 bzw. IAS 12. 15 bilanzierungspflichtig sind.

Die Bilanzierung latenter Steueransprüche ist nach IAS 12.27 nur dann zulässig, „wenn es wahrscheinlich[101] ist, dass zu versteuernde Ergebnisse zur Verfügung stehen,[102] gegen welche die abzugsfähigen temporären Differenzen verwendet werden können". Im IAS 12.26 sind einige Beispiele von abzugsfähigen temporären Differenzen aufgeführt, auf die latente Steueransprüche zu bilden sind.[103] Für passive latente Steuern gilt uneingeschränkte Bilanzierungspflicht.[104]

Der IAS 12 nennt einige Ausnahmefälle[105], in denen keine aktiven und passiven latenten Steuern gebildet werden.[106] Er schließt die Gesamtbetrachtung der aktiven und passiven latenten Steuern

---

[99] Vgl. Zwirner/Künkele (2009a), S. 182. Der Anhang 8 verdeutlicht die Entstehung aktiver und passiver latenter Steuern.
[100] Vgl. IAS 12.5.
[101] Über den Wahrscheinlichkeitsbegriff wurde im Schrifttum viel diskutiert. IFRS 5 definiert „probable" als „more likely than not". Demzufolge soll der Erwartungswert über 50% liegen, *Vgl. Schäfer/Suermann (2010), S. 2742.*
[102] Als weiteres Ansatzkriterium der latenten Steueransprüche ist das Vorliegen des ausreichenden steuerlichen Einkommens in den Folgeperioden. Der IAS 12 nennt drei Quellen zum Nachweis ausreichender zu versteuernder Ergebnisse:
- Vorliegen zu versteuernder temporärer Differenzen;
- Vorliegen zukünftiger steuerlicher Gewinne laut Ergebnisplanung;
- Vorliegen zukünftiger steuerlicher Gewinne laut Steuergestaltugsmöglichkeiten. *Vgl. Koester/Pratter (2009), S. 1688f.*

[103] IAS 12.26 gibt folgende Beispiele an:
- höhere Passivierung von Rückstellungen für Versorgungsleistungen;
- unterschiedliche Behandlung der Forschungskosten in der IFRS-Bilanz und Steuerbilanz;
- Neubewertung von Vermögenswerten und Schulden im Rahmen eines Unternehmenszusammenschlusses;
- unterschiedliche Behandlung der bestimmten Vermögenswerte in der IFRS-Bilanz und Steuerbilanz.

[104] Im IAS 12.17 sind folgende Beispiele aufgeführt, die zur Bildung einer latenten Steuerschuld führen:
- Zinserlöse, die in der IFRS-Bilanz aktiviert werden, steuerlich aber erst zum Zeitpunkt des Zuflusses der Zahlung ergebniswirksam zu behandeln sind;
- unterschiedliche Behandlung der Abschreibungsmöglichkeiten;
- unterschiedliche Behandlung der Entwicklungskosten.

[105] Zur weiteren Vertiefung siehe Hayn/Waldersee (2006), S. 235ff.
[106] Vgl. Langenbucher (2005), S. 24.

aus und betrachtet die temporären Differenzen einzeln. Darüber hinaus beinhaltet der IAS 12 umfangreiche Vorschriften und Regelungen zu latenten Steuern.[107]

2.4.2.2 Bewertung latenter Steuern

Die Bewertung latenter Steuern erfolgt gemäß IAS 12.46ff mit den unternehmensindividuellen künftigen Ertragsteuersätzen,[108] die nach den am Bilanzstichtag für das Unternehmen geltenden Steuergesetzen[109] zu ermitteln sind.[110] Ergänzend können bestimmte Bilanzpostendifferenzen mit spezifischen Steuersätzen bewertet werden.[111]

Aufgrund eines höheren Informationsgehalts wäre es sinnvoll, die aktiven und passiven latenten Steuern mit dem Barwert zu bilanzieren.[112] Der Wortlaut des IAS 12 schreibt jedoch ein Diskontierungsverbot vor, der im Schrifttum mit dem Verfehlen der Primär- und Sekundärziele der Steuerlatenzierung begründet wird.[113]

2.4.2.3 Ausweis latenter Steuern

In der IFRS–Bilanz sind latente aktive und passive Steuern unverrechnet auszuweisen.[114] Unabhängig von der Fristigkeit der zugehörigen Bilanzposten erfolgt keine Unterteilung latenter Steuern in kurzfristige und langfristige.[115] So werden latente Steuern grundsätzlich als langfristig eingestuft.

---

[107] Vgl. Pellens u.a. (2008), S. 214.

[108] Für Kapitalgesellschaften wird ein kombinierter Ertragsteuersatz verwendet. Für die Personengesellschaften wird nur der Gewerbesteuersatz berücksichtigt. Die Berechnung des kombinierten Steuersatzes ist in Kapitel 2.3.2.2 erläutert.

[109] Nach IAS 12 soll eine Steuersatzänderung berücksichtigt werden, wenn diese durch die Regierung angekündigt und zugestimmt wurde.

[110] Vgl. Ernsting/Loitz (2004), S. 1055.

[111] Es gilt entsprechend für den Ansatz latenter Steuern im HGB-Einzelabschluss. Dies betrifft insbesondere die unterschiedliche Behandlung von Beteiligungen nach HGB/IFRS und Steuerrecht. *Vgl. Brönimann/Ruckstuhl (2011), S. 30ff.*

[112] Vgl. Lienau (2006), S. 62ff.

[113] Vgl. Bischoff (2009). S. 25f.

[114] IAS 1.54 sieht für latente Steuern einen eigenen Bilanzposten vor. IAS 12.74 schreibt explizit ein Saldierungsverbot für aktive und passive latente Steuern vor. Ergänzend dazu nennen IAS 12.71 und 17.71 einige Ausnahmen, wonach ein saldierter Bilanzausweis möglich ist.

[115] Vgl. App (2003), S. 212.

IAS 12 fordert den Bilanzierenden auf, lediglich die Position Steueraufwand bzw. -ertrag in der GuV anzugeben. Dabei können laufende und latente Steuern zusammengefasst werden. Allerdings muss eine Aufspaltung in laufende und latente Steuern im Anhang erfolgen.[116]

Latente Steuern sind grundsätzlich erfolgswirksam[117] zu erfassen und in der GuV auszuweisen.[118] Nach den IFRS werden im Vergleich zum HGB mehrere Sachverhalte hinsichtlich der Veränderungen im Wertansatz von Aktiv- und Passivposten erfolgsneutral eingebucht.[119] Die daraus gebildeten latenten Steuern werden nach dem IAS 12 ebenso erfolgsneutral erfasst.[120]

Aufgrund der Informationsfunktion des IFRS-Abschlusses bestehen umfangreiche Angabepflichten im Hinblick auf die Erläuterungen zum Steuerausweis in der GuV und der Bilanz.[121] Die Pflichten zu Erläuterungen und Angaben zu latenten Steuern nach dem IAS 12 sind im Anhang 9 zusammengefasst.

---

[116] Vgl. Leibfried/Weber (2009), S. 104.
[117] Als Beispiele der erfolgswirksamen Erfassung der temporären Differenzen kann man folgende Sachverhalte nennen:
- Aktivierung von Entwicklungskosten nach IFRS (IAS 38), die im Steuerrecht nicht zulässig sind;
- Steuerliche Passivierung von Rückstellungen für unterlassene Instandhaltung, die nach IFRS (IAS 37) unzulässig sind;
- Unterschiedliche Abschreibungsmethoden, Nutzungsdauer oder auch steuerlich akzeptierte Sonderabschreibung;
- Niedrigere Bewertung einer Rückstellung im IFRS-Abschluss als in der Steuerbilanz;
- Pensionsrückstellungen (IAS 19) werden im IFRS-Abschluss höher bewertet als in der steuerlichen Gewinnermittlung. *Vgl. Kühnberger (2007), S. 297.*

[118] Vgl. Kühnberger (2007), S. 302.
[119] Vgl. Höfer (2009), S. 98ff.
[120] *Vgl. Brönner u.a. (2011), S. 641.* Die Autoren führen folgende Sachverhalte auf, die erfolgsneutral gebucht werden:
- Available-for-Sale-Wertpapiere (IAS 39);
- Cash flow Hedge and Foreign Currency Hedge (IAS 39);
- Neubewertung Sachanlagen (IAS 16);
- Neubewertung immaterieller Assets (IAS 38);
- Erfolgsneutrale Behandlung versicherungsmathematischer Gewinne/Verluste (IAS 19);
- Änderungen von Bilanzierungs- und Bewertungsmethoden (IAS 8);
- Fehlerberichtigungen (IAS 8);
- Eigenkapitalanteil kombinierter Finanzinstrumente (IAS 12 Ziff. 23, IAS 12 Ziff. 62A (b));
- Währungsumrechnungen ausländischer Abschlüsse (IAS 21);
- Indexierung bei der Bilanzierung bei Hochinflation (IAS 29);
- Aktienoptionen (IAS 12 Ziff. 68C);
- Erstanwendung der IFRS (IFRS 1 Ziff. 11).

[121] Vgl. Grottke/Haendel (2010), S. 1151.

2.4.3 Ausschüttungssperre

Der handelsrechtliche Jahresabschluss ermittelt das Periodenergebnis unter Beachtung des Gläubigerschutzprinzips und Vorsichtsprinzips.[122] Der IFRS–Jahresabschluss verfolgt als wichtiges Ziel die Lieferung entscheidungsnützlicher Informationen für den Kapitalgeber.[123] Aus diesem Grund kennen die IFRS keine Ausschüttungssperre.[124]

2.4.4 Ansatz latenter Steuern auf steuerliche Verlust- und Zinsvorträge

Die Bilanzierung aktiver latenter Steuern auf steuerliche Verlustvorträge spielt in der Praxis eine erheblich bedeutsame Rolle.[125] Grundsätzlich gelten dieselben Voraussetzungen für die Aktivierung latenter Steuern auf Verlustvorträge wie zur Aktivierung latenter Steuern auf temporäre Differenzen.[126] Die vorstehend beschriebenen Nachweise zur Werthaltigkeit aktiver latenter Steuern sind entsprechend anzuwenden.[127] Problematisch ist hier, dass das Vorliegen einer Verlusthistorie[128] einen überzeugenden Nachweis nach dem IAS 12.35 über zukünftige Gewinne fordert, um die Verlustvorträge zu realisieren.[129]

Die Deutsche Prüfstelle für Rechnungslegung konkretisiert das Wahrscheinlichkeitskriterium und bestimmt den Planungshorizont auf den maximalen Fünfjahreszeitraum.[130] Werden aktive latente Steuern auf Verlustvorträge angesetzt, bestehen im Anhang spezifische Angabepflichten.[131]

Der Zinsvortrag stellt analog zu dem Verlustvortrag einen wirtschaftlichen Nutzen dar und fällt damit in den Anwendungsbereich des IAS 12.[132] Dies bedeutet, dass für den Ansatz latenter

---

[122] Vgl. Bähr u.a. (2006), S. 199.
[123] Vgl. Henselmann (2010), S. 36.
[124] Vgl. Küting u.a. (2011), S. 1.
[125] Die Kriterien für den Ansatz latenter Steuern werden im Schrifttum eingehend diskutiert. Im Mittelpunkt der Diskussion steht die Beurteilung der Werthaltigkeit latenter Steuern auf Verlustvorträge.
[126] Vgl. Lienau/Gütersloh/Zülch (2007), S. 1094ff.
[127] Die Voraussetzungen zur Aktivierung latenter Steuern sind in Kapitel 2.4.2.1 aufgeführt.
[128] In IAS 12 wird der Zeitraum einer Verlusthistorie nicht definiert. Für die Konkretisierung der Verlusthistorie kann man nach FAS 109 (ein korrespondierender US-GAAP Standard) von einem Zeitraum von drei Jahren ausgehen. *Vgl. Becker/Loitz/Stein (2009), S. 56.*
[129] Vgl. Berger/Hauck/Prinz (2007), S. 413ff.
[130] Vgl. Brönner u.a. (2011), S. 657.
[131] Siehe Anhang 8.
[132] Vgl. Loitz/Neukamm (2008), S. 198.

Steueransprüche auf Zinsvorträge gleiche Vorschriften[133] wie für den Ansatz aktiver latenter Steuern auf Verlustvorträge gelten.[134]

2.5 Vergleichende Darstellung und kritische Würdigung der latenten Steuerabgrenzung nach HGB und IFRS

Die gewonnenen Erkenntnisse zur Bilanzierung latenter Steuern nach dem HGB und den IFRS werden folgend tabellarisch zusammengefasst. Der Sinn der Analyse liegt darin, dass durch eine abwägende Gegenüberstellung die Annäherung der Bilanzierung latenter Steuern nach dem HGB (BilMoG) an die IFRS ausgewertet wird, damit in den folgenden Kapiteln anhand der gegenwärtigen Umsetzungspraxis ein empirisch fundierter Vergleich der IFRS–Vorschriften abgeleitet werden kann.

Sachverhalte	HGB (BilMoG)	IFRS	Unterschiede
Konzeptionelle Grundlagen			
Betrachtungsweise	bilanzorientiert	bilanzorientiert	keine
Konzeption der Ermittlung latenter Steuern	Temporary-Konzept	Temporary-Konzept	keine
Methode der Abgrenzung latenter Steuern	Liability-Methode	Liability-Methode	keine
Anwendungsbereich	Kapitalgesellschaften, offene Handelsgesellschaften und Kommanditgesellschaften (§ 274 HGB), gleichgestellten Gesellschaften i.S.d. § 5 PublG	alle Unternehmen	Differenzen
Ansatz			
aktive latente Steuern	Wahlrecht (§ 274 I S. 2 HGB)	Pflicht IAS 12.24	Differenzen
passive latente Steuern	Pflicht (§ 274 I S. 1 HGB)	Pflicht IAS 12.25	keine
Ausnahme für Bilanzierung	keine[135]	• erworbener GoF (IAS 12.15)	Differenzen

---

[133] Es soll eine hinreichende hohe Wahrscheinlichkeit der Realisierung der Abzugsfähigkeit oder Verrechenbarkeit innerhalb der nächsten fünf Jahre vorliegen. Ergänzend ist das Vorliegen einer Historie nicht abzugsfähiger Zinsen zu beachten.
[134] Vgl. Linzbach (2009), S. 145.

latenter Steuern		• bestimmte Differenzen im Beteiligungsansatz (IAS 12.39) • bestimmte Differenzen aus dem erstmaligen Ansatz eines Vermögenswertes oder einer Schuld (IAS 12.33)	
Ausschüttungssperre	§ 268 VIII HGB	keine	Differenzen
Verlustvorträge/Zinsvorträge	§ 274 I S. 4 HGB (Nutzungszeitbegrenzung auf 5 Jahre) nicht explizit geregelt, analog zu Verlustvorträge	IAS 12.34ff (Keine Nutzungsbegrenzung)[136]	Differenzen
Bewertung			
Steuersätze	zukünftige unternehmensindividuelle Steuersätze (§ 274 II S. 1 HGB)	zukünftige unternehmensindividuelle Steuersätze (IAS 12.46)	keine
Diskontierung	Verbot (§ 274 II S. 1 HGB)	Verbot (IAS 12.54)	keine
Ausweis			
Saldierung in der Bilanz	Wahlrecht (§ 274 I S. 3 HGB)	Verbot (IAS 12.71) Ausnahmen (IAS 12.74)	Differenzen
Bilanz	gesonderte Bilanzposten (§ 266 II D, III E HGB)	gesonderte Bilanzposten (IAS 1.68)	keine
GuV	gesonderter Posten unter „Steuern vom Einkommen und vom Ertrag" (§ 274 II S. 3 HGB)	gesonderter Posten (IAS 1.82)	keine
Anhangangaben	Angaben zu Verlustvorträgen, angewendeten Steuersätzen (§ 285 Nr. 29 HGB), zu ausschüttungsgesperrten Beträgen aus der Aktivierung latenter Steuern (§ 285 Nr. 28 HGB)	detaillierte Pflichtangaben (IAS 12.79ff)	Differenzen

Tabelle 1: Vergleichende Darstellung der latenten Steuerabgrenzung nach HGB und IFRS.[137]

---

[135] Ausnahmeregelungen enthält der Wortlaut des § 306 HGB für den Konzernabschluss. Es ist fraglich, ob diese Ausnahmeregelungen für den Einzelabschluss angewandt werden können.
[136] Anders als beim vollumfänglichen IFRS werden nach Sec. 29.24 Steuerrisiken in die Bilanzierung einbezogen. Bei der Bewertung der Steuerrisiken wird die Anwendung des Erwartungswertverfahrens festgelegt. Bei der Einschätzung der Eintrittswahrscheinlichkeit eines Steuerrisikos ist von der Kenntnis des Sachverhalts durch die Finanzbehörden auszugehen. Vgl. Dahlke (2009b), S. 1464.
[137] Quelle: Eigene Darstellung.

Die vorliegende Tabelle gibt eine Übersicht über die bestehenden Konvergenzen bzw. Divergenzen zwischen der Bilanzierung latenter Steuern nach dem HGB (BilMoG) und den IFRS. Die Ergebnisse der Gegenüberstellung bestätigen eine Abnahme der Differenzen zwischen den nationalen und internationalen Vorschriften zur Bilanzierung latenter Steuern. Der Tabelle 1 lässt sich entnehmen, dass den Regelungen zur latenten Steuerabgrenzung nach dem HGB und dem IAS 12 eine gemeinsame konzeptionelle und methodische Basis zugrunde liegt.

Obwohl die Gegenüberstellung der Bilanzierung latenter Steuern nach dem HGB (BilMoG) und dem IAS 12 belegt, dass eine Annäherung durch punktuelle Übernahme von Elementen der internationalen Rechnungslegung in die deutsche Rechnungslegung an die IFRS erreicht wurde, bestehen in Detailfragen Unterschiede. Eine HGB–konforme Steuerabgrenzung verlangt wie nach den IFRS eine vollständige, detaillierte Erfassung aller steuerlich relevanten Sachverhalte. Die zu erhebende Informationstiefe hängt von der Steuerplanung und –lenkung des Unternehmens ab.[138]

Die vergleichende Analyse hat gezeigt, dass die IFRS– und HGB–Vorschriften mittelständische Unternehmen vor das Problem stellen, hoch sensible Informationen im Anhang zu veröffentlichen. Während das HGB die Schutzmechanismen wie Wahlrechte, Größenkriterien und Vorsichtsprinzip vorsieht, würden mittelständische Unternehmen in den IFRS–Abschlüssen verpflichtet sein, Informationen über wettbewerbsrelevante Schwächen des Unternehmens sowie über steuerliche Planung preiszugeben. Solche Informationen zu veröffentlichen, ist sehr kritisch, wenn die Daten aufgrund des EHUG nach Offenlegung auf elektronischem Wege kostenlos zugänglich sind.[139]

Konkret wird in folgenden Kapiteln untersucht, ob es gelungen ist, einen Brückenschlag von den IFRS-Vorschriften zu den HGB-Vorschriften zu schaffen.

---

[138] Vgl. Langenbucher (2005), S. 23.
[139] Vgl. Grottke/Haendel (2010), S. 1152.

3 Untersuchung der rechtsformspezifischen Probleme der Steuerabgrenzung deutscher Unternehmen nach HGB im Vergleich zu IFRS

Da das Buch auf die Bilanzierungspraxis von mittelständischen Unternehmen[140] fokussiert ist, sollen in diesem Abschnitt steuerrechts- und rechtsformspezifische Probleme untersucht werden. Die Vorschriften des IAS 12 werden, im Gegensatz zum HGB rechtsformunabhängig angewendet. Differenzierte Behandlung der latenten Steuern durch deutsche Unternehmen ist einerseits im Hinblick auf das Steuerrecht und andererseits im Hinblick auf den Wortlaut des HGB bedingt. Die gewonnen Erkenntnisse werden als Basis für die empirischen Untersuchungen genutzt.

3.1 Latente Steuern bei Kapitalgesellschaften

§ 274 HGB verpflichtet Kapitalgesellschaften die Regeln zur Steuerlatenzrechnung anzuwenden.[141] Dabei ist eine Annäherung der Bilanzierung latenter Steuern an die IFRS bei großen Kapitalgesellschaften zu konstatieren. Den Grad der Annäherung an die IFRS können kleine und mittelgroße Kapitalgesellschaften selbst durch den Verzicht auf die Befreiungsvorschriften bestimmen. Nach § 274a Nr. 5 HGB können kleine Kapitalgesellschaften[142] von der Anwendung des § 274 HGB befreit werden. Die Auslegung der Vorschriften ruft in der Praxis große Unsicherheit hervor.

Das IDW und weite Teile des Schrifttums kommen zu dem Schluss, dass passive latente Steuern bei kleinen Kapitalgesellschaften in den Fällen[143] angesetzt werden müssen, in denen es zwar zu keinem separaten Ausweis der latenten Steuern in der Bilanz kommt, jedoch entsprechend dem Vorsichtsprinzip Rückstellungen[144] für latente Steuern zu bilden sind, wenn die Voraussetzungen

---

[140] Eine Abgrenzung und Definition der mittelständischen Unternehmen folgt in Kapitel 4.
[141] Eine bildliche Darstellung der Bilanzierung latenter Steuern bei Kapitalgesellschaften, die zur Anwendung des § 274 HGB verpflichtet sind, ist im Anhang 14 gezeichnet.
[142] Nach § 267 I HGB sind kleine Kapitalgesellschaften solche, die mindestens 2 der folgenden 3 Größenmerkmale an zwei aufeinander folgenden Geschäftsjahren nicht überschreiten:
- 4 840 000 Euro Bilanzsumme nach Abzug eines auf der Aktivseite ausgewiesenen Fehlbetrags;
- 9 680 000 Euro Umsatzerlöse in den zwölf Monaten vor dem Abschlußstichtag;
- Im Jahresdurchschnitt fünfzig Arbeitnehmer.

[143] Dies ist grundsätzlich der Fall, wenn Differenzen zwischen den handelsrechtlichen und steuerrechtlichen Wertansätzen künftig steuerwirksam abgebaut werden (sog. permanente Differenzen). Quasi–permanente Differenzen erfüllen die Kriterien für eine Rückstellungsbildung nicht und werden daher nicht berücksichtigt.
[144] Die Inanspruchnahme des Investitionsabzugsbetrags gem. § 7g EStG könnte unter diese Ansatzvoraussetzung fallen.

für den Ansatz einer Rückstellung gem. § 249 I S. 1 HGB vorliegen.[145] In der Kommentierung sowie der weiteren Literatur wird ausgeführt, dass die latenten Steuern weiterhin nach dem Timing–Konzept erfasst werden können.[146] Damit laufe die Befreiung der kleinen Kapitalgesellschaften ins Leere.

Der DStV und andere Teile des Schrifttums teilen diese Auffassung nicht. Sie vertreten die Ansicht, dass die Voraussetzungen einer Rückstellung nicht vorliegen[147] und der Wortlaut des § 274a Nr. 5 HGB keinen Interpretationsspielraum zulässt.[148] Vor diesem Hintergrund werden in der Praxis zwei unterschiedliche Jahresabschlüsse für kleine Gesellschaften erstellt, je nachdem durch welchen Berater der Mandant vertreten wird.[149]

3.2 Latente Steuern bei Personengesellschaften

Die Internationalisierung der Rechnungslegung betrifft ebenfalls die Personengesellschaften, obwohl sie nicht kapitalmarktorientiert ausgerichtet sind.[150] Soweit Personengesellschaften nicht als KapCo oder nach § 5 I PublG verpflichtet sind, die Vorschriften des § 274 HGB anzuwenden, besteht die Möglichkeit einen dem IFRS vergleichbaren Jahresabschluss nach dem HGB zu erstellen, in dem der § 274 HGB freiwillig angewendet wird.[151]

Aufgrund der steuerlichen Besonderheiten[152] einer Personengesellschaft ergeben sich besondere Herausforderungen für mittelständische Unternehmen. Eine Abgrenzung latenter Steuern erfolgt für gewerbesteuerliche Zwecke[153] mit einem unternehmensindividuellen Gewerbesteuersatz.[154]

---

[145] Vgl. Lüdenbach/Freiberg (2010), S. 1975; Müller/Kreipl (2011), S. 1702ff.
[146] *Vgl. Müller/Kreipl (2011), S. 1702ff.; Brönner u.a. (2011), S. 689.* Die Autoren führen aus, dass mittelgroße Kapitalgesellschaften ebenso vom Timing–Konzept Gebrauch machen können, die gem. § 288 II HGB von der Offenlegung der latenten Steuern nach Bilanzposten im Anhang befreit sind.
[147] Vgl. Lüdenbach (2011), S. 160f.; DStV (2011a), URL siehe Literaturverzeichnis.
[148] *Vgl. DStV (2011a), URL siehe Literaturverzeichnis.* In seiner Angabe an das Bundesjustizministerium fordert der DStV eine Ergänzung des § 249 HGB, dass Rückstellungen für latente Steuern nicht gebildet werden dürfen.
[149] Wird ein Jahresabschluss vom Wirtschaftsprüfer oder Doppelbänder erstellt, sind sie im Gegensatz zum Steuerberater verpflichtet, die Veröffentlichungen des IDW anzuwenden. Probleme entstehen auch bei einem Wechsel des Beraters zwischen den GoB (Bilanzkontinuität) und dem Berufsrecht. *DStV (2011b), URL siehe Literaturverzeichnis.*
[150] Vgl. Fülbier/Mages (2007), S. 78f.
[151] Im Schrifttum werden zwei Auffassungen der Behandlung latenter Steuern bei „normalen" Personengesellschaften vertreten. Die Auslegung der Steuerlatenzrechnung entspricht der in Kapitel 3.1 geführten Diskussion über die Behandlung der Steuerlatenzen bei kleinen Kapitalgesellschaften. *Vgl. Lüdenbach/Freiberg (2011), S. 1579ff.*
[152] Die Besonderheiten einer Personengesellschaft bestehen einerseits in ertragsteuerlicher Behandlung und anderseits in zweistufiger Gewinnermittlung. Die Personengesellschaft als Gewerbeobjekt (§ 2 I S. 1 GewStG) unterliegt nur der Gewerbesteuer. *Vgl. Hierl/Huber (2008), S. 169.* Auf der Ebene der Gesellschafter unterliegen

Die Ermittlung der Buchwertdifferenzen erfolgt unter Einbeziehung von Mehr- oder Minderwerten der steuerlichen Ergänzungsbilanzen,[155] da sie lediglich die steuerlichen Wertansätze beeinflussen. Nach herrschender Meinung[156] des Schrifttums werden keine latenten Steuern für Wirtschaftsgüter des Sonderbetriebsvermögens gebildet.[157] Dies gilt ebenso für IFRS–Abschlüsse. Eine schematische Ermittlung latenter Steuern bei Personengesellschaften ist im Anhang 10 dargestellt.

Bei der Bilanzierung der aktiven latenten Steuern auf Verlustvorträge und ähnliche Sachverhalte ist bei Personengesellschaften zu berücksichtigen, dass es durch einen Anteilseignerwechsel zur Verlustabzugsbeschränkung kommen kann.[158] Aktive latente Steuern dürfen in diesem Fall in der Höhe des unschädlichen Anteils angesetzt werden.[159]

Auf der Gesellschafterebene kommt es zur Bilanzierung latenter Steuern, wenn die Mitunternehmerin eine mittelgroße bzw. große Kapitalgesellschaft ist.[160] Wenn eine mittelgroße bzw. große Personengesellschaft Mitunternehmerin der Personengesellschaft ist und die Anteile im Betriebsvermögen gehalten werden, sind keine latenten Steuern zu bilden, da Gewinn- bzw. Verlustanteile

---

zugewiesene Gewinnanteile der Einkommen- bzw. Körperschaftsteuer, nicht noch einmal der Gewerbesteuer (§§ 8 Nr. 8,9 Nr. 2 GewStG). Der Gewinnanteil eines Mitunternehmens wird anteilig aus dem Gesamtgewinn der Mitunternehmerschaft ermittelt. Der Gesamtgewinn der Personengesellschaft ist die Summe aus dem Gewinn der Personengesellschaft (nach Abzug der Vergütungen, die an die Gesellschafter fließen) und dem Sondergewinn der Gesellschafter. In die zweistufige Gewinnermittlung auf Ebene der Personengesellschaft fließen sowohl die Ergebnisse der steuerlichen Gesamthandsbilanz als auch die Ergebnisse aus den Ergänzungs- und/oder aus den Sonderbilanzen der Gesellschafter ein. *Vgl. Ernst & Young (2011b), S. 13.*
[153] Vgl. Kastrup/Middenhof (2010), S. 816.
[154] Der Gewerbesteuersatz berechnet sich als Produkt aus dem Hebesatz der steuerberechtigten Gemeinde und der Steuermesszahl von 3,5% (vgl. § 11 I GewStG). Der Freibetrag gem. § 11 I Nr. 1 GewStG kann unter den Wesentlichkeitsgesichtspunkten vernachlässigt werden.
[155] Ergänzungsbilanzen werden in folgenden Fällen erstellt:
- Eintritt eines Gesellschafters in eine Gesellschaft;
- Erwerb eines Mitunternehmeranteils;
- Einseitige Kapitalerhöhung bei einem einzelnen Mitunternehmeranteil;
- Übertragung nach § 6 V EStG;
- § 24 UmwStG;
- Inanspruchnahme personenbezogener Steuervergünstigungen. *Vgl. Schmidt/Zagel (2010), S. 399.*

[156] Eine Minderheit des Schrifttums ist der Meinung, dass auf das Sonderbetriebsvermögen latente Steuern abzugrenzen sind, wenn die temporären Differenzen künftig abgebaut werden. *Vgl. Kirsch (2009), S. 1976.*
[157] Vgl. Lange/Wolz (2010), S. 78f.
[158] Vgl. § 10a GewStG und für Zinsvorträge § 4h V S. 2 EStG.
[159] Vgl Krimpmann (2010), S. 68.
[160] Die Gesellschaft ist selbst nach § 274 HGB verpflichtet, latente Steuern im eigenen Einzelabschluss zu bilanzieren. Bestehen auf Ebene der Kapitalgesellschaft temporäre Differenzen, muss sie in ihrem Abschluss latente Körperschaftsteuer und darauf einen Solidaritätszuschlag abgrenzen. Eine gewerbesteuerliche Abgrenzung aufgrund des § 8 Nr. 8 bzw. § 9 Nr. 2 GewStG kommt nicht in Betracht. Ebenso müssen latente Steuern auf temporäre Differenzen zwischen ihrem handelsbilanziellen Wert und dem Wert des steuerlichen Kapitalkontos abgegrenzt werden. *Vgl. Ernst & Young (2010), S. 13.*

aus Beteiligungen an Personengesellschaften bei der Ermittlung des Gewerbeertrags herauszurechnen[161] sind.[162]

Bei mehrstöckigen Personengesellschaften müssen künftige Steuerwirkungen der gewerbesteuerlichen und einkommensteuerlichen bzw. körperschaftsteuerlichen Effekte bei dem Anteilseigner sehr genau analysiert und geplant werden. Aufgrund der komplexen Gruppenstrukturen ist der Aufwand für die Analyse sehr erheblich.[163]

3.3 Abgrenzung latenter Steuern im Organkreis

3.3.1 Besonderheiten der ertragsteuerlichen Organschaft

HGB und IAS 12 beinhalten keine Vorschriften für die Ermittlung und den Ausweis latenter Steuern beim Vorliegen von Organschaftsverhältnissen.[164] In der Praxis haben sich unterschiedliche Betrachtungsweisen für die Behandlung der ertragsteuerlichen Organschaft herausgebildet.[165]

Nach dem deutschen Steuerrecht sind die körperschaftsteuerliche Organschaft[166] gem. § 14 KStG und die gewerbesteuerliche Organschaft[167] gem. § 2 GewStG im Hinblick auf latente Steuern von Bedeutung.[168] Nun stellt sich die Frage, auf welche temporären Buchdifferenzen die Abgrenzung latenter Steuern zu ermitteln sind und wer die latenten Steuern zu bilanzieren hat.[169]

---

[161] Vgl. § 8 Nr. 8 bzw. § 9 Nr. 2 GewStG.
[162] Vgl. Kastrup/Middendorf (2010), S. 818.
[163] Vgl. Loitz (2009), S. 920.
[164] Vgl. Meyer u.a. (2009), S. 101.
[165] Beim Vorliegen einer ertragsteuerlichen Organschaft werden alle Gewinne und Verluste der Organgesellschaften dem Organträger zugerechnet. *Vgl. Petersen (2006), S. 32.*
[166] Bei der körperschaftsteuerlichen Organschaft bleibt die Organgesellschaft als eigenständiges Steuersubjekt. Das ermittelte Einkommen der Organgesellschaft wird außer den Ausgleichzahlungen i.S. des § 304 AktG an außenstehende Anteilseigner dem Organträger zugerechnet. *Vgl. Herkenroth u.a. (2008), S. 162.*
[167] Bei der gewerbesteuerlichen Organschaft wird der Organträger als Steuersubjekt und die Organgesellschaft als unselbständige Betriebsstätte behandelt. Die Organgesellschaft ermittelt den Gewerbesteuerbetrag, der dem Organträger zugerechnet wird. Ein Gewerbesteuermessbetrag ergeht nur an den Organträger. *Vgl. Herkenroth u.a. (2008), S. 179.*
[168] Vgl. Brönner u.a. (2011), S. 667.
[169] Vgl. Hoffmann/Lüdenbach (2009), S. 912.

3.3.2 Bilanzierung latenter Steuern beim Organträger

Im Zusammenhang mit der Bilanzierung latenter Steuern bei Organschaften ist grundsätzlich zwischen der wirtschaftlichen und formalen Betrachtungsweise[170] zu unterscheiden.[171] Laut IDW – Entwurf[172] und der herrschenden Auffassung im Schrifttum hat der Organträger die latenten Steuern für künftige Steuerbelastung und Steuerentlastung aus temporären Differenzen zwischen handelsrechtlichen Wertansätzen von Vermögensgegenständen, Schulden oder Rechnungsabgrenzungsposten und den steuerlichen Wertansätzen der Organgesellschaft zu bilanzieren,[173] da beim Organträger formal die Steuerschuldnerschaft liegt.[174]

Folgt man der formalen Betrachtungsweise, dürfen zu erwartende Differenzen für den Zeitraum des Bestehens der Organschaft[175] ausgewiesen werden. Die Organgesellschaft hat im Rahmen der Bilanzierungs- und Bewertungsmethoden gem. § 284 II Nr. 1 HGB darauf hinzuweisen, dass latente Steuern auf Ebene des Organträgers gebildet werden.[176] Nach Beendigung des Ergebnisabführungsvertrages sind latente Steuern auf temporäre Differenzen, die sich nach der Beendigung des Vertrages abbauen, auf Ebene der Organgesellschaft zu bilanzieren.[177] Zur korrekten Abbildung latenter Steuern ist eine umfangreiche Nebenrechnung erforderlich.[178]

---

[170] Nach einer engen Interpretation des § 274 i.V.m. § 249 HGB würden latente Steuern weder beim Organträger noch bei der Organgesellschaft gebildet. Diese Betrachtungsweise wird in der Literatur für HGB- als auch für IFRS–Abschlüsse abgelehnt, da sie den Grundsatz der Vollständigkeit verletzt. Vgl. Herzig/Liekenbrock/Vossel (2010), S. 85ff.
[171] Vgl. Ernst & Young (2011a), S. 3.
[172] Der Entwurf einer Stellungnahme zur Rechnungslegung: Einzelfragen zur Bilanzierung latenter Steuern nach den Vorschriften des HGB i.d.F. des BilMoG (IDW ERS HFA 27) wurde am 09.09.2010 vom Hauptfachausschuss des IDW aufgehoben.
[173] Vgl. Ellerbusch/Schlüter/Hofherr (2009), S. 2445.
[174] Vgl. Herzig/Liekenbrock/Vossel (2010), S. 93.
[175] Es kann in der Praxis zu Problemen bezüglich der Begründung eines steuerlichen Organschaftsverhältnisses kommen, da die bloße Absicht, einen Gewinnabführungsvertrag abzuschließen und eine Eintragung ins Handelsregister anzumelden, nicht ausreichend ist. Vgl. Sinewe (2010) S. 123.
[176] Vgl. Ernst & Young (2011a), S. 4.
[177] Grundsätzlich ist bei der Bildung latenter Steuern im Organkreis folgende Entstehung und Umkehr der Differenzen zu beachten:
- Entstehen und Umkehr der Differenzen während des Bestehens der Organschaft;
- Entstehung der Differenzen vor Begründung der Organschaft und Umkehr der Differenzen während des Bestehens der Organschaft;
- Entstehung während des Bestehens der Organschaft und Umkehr der Differenzen erst nach Beendigung der Organschaft;
- Entstehung vor Beendigung der Organschaft und Umkehr der Differenzen erst nach Beendigung der Organschaft.

[178] Vgl. Krimpmann (2011), S. 76.

3.3.3 Bilanzierung latenter Steuern bei der Organgesellschaft

Im Gegensatz zum formalen Ansatz werden nach der wirtschaftlichen Betrachtungsweise (auch stand–alone–approach[179] genannt) latente Steuern nach dem Prinzip der wirtschaftlichen Verursachung auf Ebene der Organgesellschaft bilanziert. Latente Steuern werden separat nach push down accounting[180] für jede Gesellschaft erfasst.[181] Diese Erfassungstechnik wird in den IFRS–Abschlüssen angesetzt. Unabhängig von der Betrachtungsweise werden die latenten Steuern mit dem im Geschäftsjahr der Umkehrung geltenden individuellen Steuersatz des Organträgers berechnet.[182]

Abschließend ist darauf hinzuweisen, dass der wirtschaftliche Ansatz der Abbildung latenter Steuern nach derzeit überwiegender Meinung[183] rechtssystematisch ausscheidet,[184] unabhängig davon, ob Steuerumlagen erfolgen oder nicht.[185] Wenn eine Annäherung der Bilanzierung latenter Steuern im HGB–Einzelabschluss an die IFRS erreicht werden soll, folgt man dem DRS 18.35.[186]

---

[179] Im IFRS–Schrifttum wird aufgrund der Regelungslücke zur Bilanzierung latenter Steuern im Organkreis auf die US-GAAP verwiesen.

[180] In dem Fall wird jede Gesellschaft so behandelt, als wäre sie selbst ein eigenständisches Steuersubjekt. Werden aktive latente Steuern auf steuerliche Verlustvorträge bei der Organgesellschaft gebildet, ist für die Beurteilung der Nutzung der Verlustvorträge die steuerliche Planungsrechnung des gesamten Organkreises heranzuziehen. Vgl. Loitz/Klevermann (2009), S. 409.

[181] Vgl. Meyer u.a. (2009), S. 102.

[182] Vgl. Ernst & Young (2011a), S. 17.

[183] Die Frage der Bilanzierung latenter Steuern im Fall einer Steuerumlage hat in der Literatur erst im Zusammenhang mit dem BilMoG Beachtung gefunden.

[184] Vgl. Brönner u.a. (2011), S. 669. DRS 18.35 ermöglicht demgegenüber ein Wahlrecht zum Ansatz latenter Steuern bei der Organgesellschaft, soweit sich Differenzen während des Bestehens der Organschaft abbauen. DRS 18.35 erlaubt ebenso im Fall eines Umlagevertrages die Bilanzierung latenter Steuern auf temporäre Differenzen bei einer Organgesellschaft. Der angewandte Ansatz (formaler oder wirtschaftlicher) ist im Anhang zu erläutern. Vgl. Ernst & Young (2011a), S. 5.

[185] Durch den Umlagevertrag wird die effektive steuerliche Be- oder Entlastung des Organträgers auf die Organgesellschaft umgelegt. Nach IDW–Entwurf und Teilen des Schrifttums sind latente Steuern beim Bestehen von Umlageverträgen beim Organträger zu bilanzieren. Die Umlage ist entsprechend der Rechtsprechung (Urteil des BGH vom 01.12.2003) beim Organträger als vorweggenommene Gewinnabführung zu behandeln und in der GuV unter dem Posten „Erträge aus Gewinnabführung" bzw. „Aufwendungen aus Verlustübernahme" auszuweisen. Vgl. Förschle (2010), Rz. 257.

[186] Wird das Wahlrecht nach DRS 18.35 durch die Organgesellschaft ausgeübt, sind latente Steuern unter gesonderter Bezeichnung (z.B. „passive latente Steuern aufgrund des Umlagevertrages" bzw. „aktive latente Steuern aufgrund des Umlagevertrages" in der Bilanz auszuweisen. In der GuV ist ein Davon–Vermerk erforderlich (z.B. „davon aus Umlagen:......€). Vgl. Ernst & Young (2011a), S. 6; DRS 18.35, 18.61.

3.3.4 Offene Fragen

Es besteht Rechtsunsicherheit bei der Ermittlung des abführungsgesperrten Betrages im Hinblick auf passive latente Steuern im Organkreis.[187] Unklar ist, ob die Abführungssperre nach der Brutto- oder Nettomethode zu ermitteln ist.[188] IDW fordert die Finanzverwaltung in der Pressemittteilung vom 17.02.2011 auf bis zur Klärung dieser gesellschaftsrechtlichen Frage beide Vorgehensweisen als zutreffende Durchführung des Gewinnabführungsvertrags anzuerkennen.[189] Die Finanzverwaltung hat sich bisher[190] zu dieser Frage nicht geäußert.

Die in der Praxis herrschende Unsicherheit besteht ferner hinsichtlich der Berücksichtigung vororganschaftlicher Rücklagen bei der Bemessung der Ausschüttungssperre.[191] Überwiegende Teile des Schrifttums bejahen die Einbeziehung der vorvertraglichen Rücklagen mit der Begründung des Gläubigerschutzes.[192]

Handelt es sich bei dem Organträger um eine kleine Kapitalgesellschaft,[193] kann sie nach h.M. die Erleichterung nach § 274a Nr. 5 HGB in Anspruch nehmen. Dies gilt nicht, wenn der Organkreis einen Konzernabschluss erstellen soll.[194]

3.4 Kritische Würdigung

Die Diskussion über die Bilanzierung latenter Steuern wurde durch Umstellung auf und Anwendung der HGB (BilMoG)-Vorschriften neu entfacht. Die Bilanzierung latenter Steuern ist und bleibt eine Herausforderung für die Praxis.[195] Einerseits wurde durch das BilMoG eine Annäherung an die IFRS im Hinblick auf die Bilanzierung latenter Steuern erreicht, was grundsätzlich bezüglich der

---

[187] Vgl. Dahlke (2009a), S. 880ff.; IDW (2011), URL siehe Literaturverzeichnis.
[188] Die möglichen Vorgehensweisen werden hier nicht weiter vertieft.
[189] Vgl. IDW (2011), URL siehe Literaturverzeichnis.
[190] Das vorliegende Buch wurde im Zeitraum von Juli bis Oktober 2011 angefertigt. Zu dem Zeitpunkt lag keine Stellungnahme der Finanzverwaltung vor.
[191] Vgl. Lenz (2011), URL siehe Literaturverzeichnis.
[192] Darüber hinaus ist es fraglich, ob die stetige Trennung von vororganschaftlicher und organschaftlicher Sphäre im Kontext der Ausschüttungs- und Abführungssperren überhaupt durchgehalten werden könnte. *Vgl. BStBK (2011), URL siehe Literaturverzeichnis.*
[193] Als Beispiel kann man Finanzholding nennen.
[194] Vgl. Ernst & Young (2011a), S. 22.
[195] Die Abgrenzung latenter Steuern in den Jahresabschlüssen nach IFRS hat in den letzten Jahren einen erheblichen Bedeutungszuwachs aufgrund der Komplexität erfahren. Mit dem BilMoG nimmt die Bedeutung und Indikationsfunktion latenter Steuern in den Jahresabschlüssen nach dem HGB verstärkt zu.

Vergleichbarkeit von Jahresabschlüssen zu begrüßen ist, anderseits führen verschiede Gesetzauslegungen zu einer Komplexitätserhöhung.

Die Zweifel an der Anwendung der in § 274 geregelten Grundsätze gelten insbesondere bei Organschaften und kleinen Kapitalgesellschaften sowie bei der Handhabung vorhandener Verlustvorträge. Die Konsequenz aus der Bilanzierung latenter Steuern auf steuerliche Verlustvorträge für mittelständische Unternehmen wird sein, dass die Unternehmen eine kostenintensive Steuerplanung aufstellen müssen.[196]

Ob die Bilanzierung latenter Steuern einen zusätzlichen Nutzen den Analysten und Gläubigern bringt, scheint auf den ersten Blick fraglich zu sein, denn die Bedeutung latenter Steuern in der Rechnungslegungspraxis einschätzen zu wollen, setzt umfassende Kenntnisse der Bilanzierungsmethoden und der unternehmensspezifischen Sachverhalte voraus.

Obwohl der Jahresabschluss informativer wird, besteht für mittelständische Unternehmen die Gefahr, dass sie aufgrund der überdimensionierten Informationsangaben durch große kapitalstarke Konkurrenz in den schwächeren Perioden in Bedrängnis gebracht werden können.[197]

Die Frage der Vergleichbarkeit der HGB–Abschlüsse mit den IFRS–Abschlüssen bleibt bestehen. Solange das Aktivierungswahlrecht nach § 274 HGB nicht abgeschafft wird, ist eine Vergleichbarkeit nicht gegeben.

Das Wahlrecht für die Aktivierung latenter Steuern öffnet insoweit ein Fenster für bilanzpolitische Spielräume,[198] da das zukünftige Ergebnis des Unternehmens schwer einzuschätzen ist und der Subjektivität der Bilanzierenden unterliegt.

Durch die geführte Analyse gewinnt man den Eindruck, dass die vom Gesetzgeber gewünschte Annäherung der Bilanzierung latenter Steuern nach dem HGB an die IFRS zu unzutreffenden Ergebnissen führt und der ergänzenden Gesetzauslegung bedarf. Weiterhin weist der Wortlaut des Gesetzes große Lücken und Unklarheiten auf, die zu einer Verwirrung der Bilanzierenden führen.

---

[196] Vgl. Loitz (2009), S. 920.
[197] Vgl. Wendlandt/Vogler (2001), S. 253.
[198] Vgl. Wöltje (2010), S. 146.

Um diese analytischen Überlegungen aufrechtzuerhalten, wird in dem folgenden Kapitel erste praktische Erfahrung mit der BilMoG–Anwendung im Hinblick auf die Bilanzierung latenter Steuern bei mittelständischen Unternehmen analysiert.

4 Konvergenz von IFRS und der Bilanzierungspraxis deutscher mittelständischer Unternehmen nach BilMoG

Finden – lesen – verstehen! So sollten Informationen im Hinblick auf voraussichtliche Steuerbelastung eines Unternehmens aus einem Jahresabschluss nach dem HGB (BilMoG) gewonnen werden. Die Beantwortung der vorhergehenden angesprochen Untersuchungsprobleme dürfte jetzt vor dem Hintergrund der aktuellen Bilanzierungspraxis latenter Steuern interessant sein. Die empirische Untersuchung soll nicht nur auf die betragsmäßigen Angaben in der Bilanz und GuV abgestellt werden, sondern auch quantitative und insbesondere qualitative Anhangangaben einbeziehen.

4.1 Überblick über bisherige empirische Untersuchungen

4.1.1 Empirische Studien mit Fokus auf mittelständische Unternehmen

Die von deutschen Unternehmen veröffentlichten Informationen zu latenten Steuern wurden seit den neunziger Jahren in einer Vielzahl von Studien untersucht.[199] Die durchgeführten Studien beruhen fast ausschließlich auf nach IFRS oder US–GAAP erstellten Abschlüssen börsennotierter Unternehmen.[200] Die bisherigen Untersuchungen beziehen sich auf die Bewertungsrelevanz latenter Steuern und bestätigen die Bedeutung der latenten Steuerpositionen der Höhe nach in der Bilanzierungspraxis deutscher börsenorientierter Unternehmen.

Vor dem BilMoG spielten latente Steuern in den Jahresabschlüssen der mittelständischen Unternehmen keine bedeutende Rolle, deshalb konnten sich im diesen Bereich keine umfassenden Bilanzierungstraditionen herausbilden. Aktive latente Steuern wurden mit großer Zurückhaltung

---

[199] Vgl. Meyer u.a. (2009), S. 30.
[200] Vgl. Küting/Zwirner (2003), S. 301ff.; Weber (2003), S. 9f.; Küting/Zwirner (2005), S. 1553ff.; Andermatt u.a. (2008), S. 569ff.

behandelt und als Bilanzierungshilfen bei Krisenunternehmen angesetzt.[201] Die Modernisierung und Internationalisierung der HGB-Rechnungslegung sollte mittelfristig zur Annäherung an die IFRS führen. Im Zentrum der Diskussion steht dabei die Frage, welche Sichtweise deutsche mittelständische Unternehmen hinsichtlich der internationalen und nationalen Entwicklungen in der Rechnungslegung haben.

Im Folgenden werden deshalb jüngere Studien betrachtet, die mit besonderem Fokus auf die Bilanzierungspraxis der mittelständischen Unternehmen nach dem BilMoG bzw. IFRS for SME ausgerichtet sind und zudem die Bilanzierung der latenten Steuern als Untersuchungsziel beinhalten.

Eine im Zeitraum April bis Juli 2008 durchgeführte Studie mit entsprechendem Fokus wurde von Becker/Baltzer/Ulrich zur aktuellen Entwicklung der Internationalisierung des Rechnungswesens bei mittelständischen Unternehmen vorgelegt. Die Autoren befragten 1.015 mittelständische Unternehmen nach der aktuellen Entwicklungen hinsichtlich Corporate Governance, Controlling, Rechnungslegung und Einstellung zum jeweiligen Thema.[202] Nach der Befragung lagen 113 Antworten zur Auswertung vor.

In einer 2008 veröffentlichen Studie von Haller/Löffelmann/Beiersdorf/Bolin/Etzel/Haussmann zu den Implikationen aufgrund der Weiterentwicklung der nationalen und internationalen Rechnungslegungsnormen für mittelständische Unternehmen wurde eine Befragung von 32 Kreditinstituten bezüglich ihrer Anforderungen an den Inhalt von Jahresabschlüssen für Zwecke der Kreditwürdigkeitsanalyse durchgeführt. Zielsetzung der Studie war, zu analysieren, wie Kreditinstitute als wesentliche Adressaten von Unternehmensabschlüssen nach dem BilMoG und IFRS for SMEs bestimmte Rechnungslegungssachverhalte, unter anderem aktive latente Steuern, beurteilen.[203]

In einer weiteren 2011 veröffentlichten Studie erforschten Haller/Ferstl/Löffelmann, inwieweit die "Einheitsbilanz" in der Unternehmenspraxis der Kapitalgesellschaften noch Verwendung findet. Als Grundlage der Untersuchung diente eine umfangreiche Datenerhebung aus den handelsrechtli-

---

[201] Vgl. Herzig/Vossel (2009), S. 1174. Die übrigen Unternehmen tendierten zur Nichtbilanzierung aktiver latenter Steuern, um damit die Nähe zu Krisenunternehmen zu vermeiden.
[202] Vgl. Becker/Baltzer/Ulrich (2008), S. 5, URL siehe Literaturverzeichnis.
[203] Vgl. Haller u.a. (2008), S. 2ff.

chen Abschlüssen der Jahre 2006-2008 von jeweils 100 zufällig ausgewählten kleinen, mittelgroßen und großen Kapitalgesellschaften, die im elektronischen Bundesanzeiger veröffentlicht waren.[204]

Der DSR machte am 05. März 2010 eine Auswertung der Stellungnahmen zum E-DRS 24 „Latente Steuern" von Experten aus unterschiedlichen Branchen bekannt. Die Stellungnahmen befassten sich mit Einzelfragen zur Bilanzierung von latenten Steuern nach dem HGB (BilMoG).[205] Einen Überblick über vorhandene Untersuchungen gibt Tabelle 2.

Autoren/Hrsg. der Studie	Zeitraum der Untersuchung	Art der Untersuchung	Charakterisierung
Becker/Baltzer/Ulrich	April-Juli 2008	Schriftliche Befragung	1015 standardisierte Fragebögen wurden an Geschäftsführer, Vorstände und Führungskräfte aus Controlling, Finanzen und Rechnungswesen der mittelständischen Unternehmen versendet.
Haller/Löffelmann/ Beiersdorf/Bolin/Etzel/ Haussmann	Dezember 2008	Strukturierte Interviews	Befragung der 59 Mitarbeiter aus 32 repräsentativ ausgewählten und in Deutschland tätigen Kreditinstituten
Haller/Ferstl/Löffelmann	2006-2008	Datenerhebung aus den Jahresabschlüssen	jeweils 100 zufällig ausgewählte kleine, mittelgroße und große Kapitalgesellschaften. Über den Untersuchungszeitraum von drei Jahren ergibt dies einen Stichprobenumfang von 900 Abschlüssen.
DSR	Dezember 2009/ Januar 2010	Auswertung der Stellungnahmen	16 an den DSR adressierte Stellungnahmen von Experten und 3 Beiträge in Fachzeitschriften[206]

Tabelle 2: Übersicht über ausgewählte empirische Untersuchungen.[207]

---

[204] Vgl. Haller/Ferstl/Löffelmann (2011), S. 885f.
[205] Vgl. DSR (2010), URL siehe Literaturverzeichnis.
[206] Es handelt sich um folgende Beiträge:
- Herzig (2010) S. 1;
- Kessler/Leinen/Paulus (2010);
- Zwirner (2010a).

[207] Quelle: Eigene Darstellung.

Bevor im Folgenden die Ergebnisse der eigenen empirischen Untersuchungen dargestellt werden, soll zuerst eine kurze inhaltliche Abhandlung der in der Tabelle 2 dargelegten Studien folgen.

4.1.2 Empirische Ergebnisse zur Bilanzierungspraxis mittelständischer Unternehmen

Becker/Baltzer/Ulrich fokussieren ihre Untersuchung darauf, wie mittelständische Unternehmen mit den Herausforderungen und Trends der Rechnungslegung umgehen. In der durchgeführten Studie kommen sie zum Ergebnis, dass 92 % der befragten Unternehmen einen Jahresabschluss nach dem HGB erstellen. Die Mehrzahl[208] der untersuchten Unternehmen hat sich bislang nicht mit den IFRS beschäftigt und plant nicht, dies künftig zu machen.[209] Obwohl 45 % der befragten Gesamtheit eine Präferenz für Fremdkapital als Quelle der externen Finanzierung angeben, sieht die überwiegende Mehrheit die IFRS als irrelevant und ungeeignet für mittelständische Unternehmen.[210] Demgegenüber sehen 77 % der befragten Unternehmen eine Notwendigkeit der weiteren inhaltlichen Entwicklung des HGB.

Haller/Löffelmann/Beiersdorf/Bolin/Etzel/Haussmann untersuchen, inwiefern die Bilanzierungspflicht aktiver latenter Steuern nach § 274 I HGB-E[211] aus Sicht der Kreditinstitute die Bonitätsanalyse verbessern würde. 36% der Befragten sehen eine Bilanzierungspflicht als vorteilhaft, die als Verbesserung der Vergleichbarkeit der Jahresabschlüsse und damit als Vorteil gewertet wird. Ein hoher Anteil von 72% der Antwortenden gibt an, dass für ihre Bonitätsanalyse aufgrund einer Bilanzierungspflicht aktiver latenter Steuern keine Auswirkungen zu erwarten sind, da aufgrund der zweifelhaften Werthaltigkeit des Postens die bisherige Praxis der Verrechnung mit dem Eigenkapital beibehalten werden würde.[212]

Haller/Ferstl/Löffelmann stellen in ihrer empirischen Erhebung von 2006–2008 fest, dass sich viele Unternehmen für die Anwendung der Vorgaben des Steuerrechts entscheiden, um eine Einheitsbilanz erstellen zu können. Die Untersuchungen bestätigen eine geringe Wahrscheinlichkeit im

---

[208] 69 der 113 befragten Unternehmen sehen keine Notwendigkeit, sich mit den Full IFRS zu beschäftigen. 65 der 113 befragten Unternehmen sehen keine Notwendigkeit, sich mit dem IFRS for SMEs zu beschäftigen.
[209] Vgl. Becker/Baltzer/Ulrich (2008), S. 80, URL siehe Literaturverzeichnis.
[210] Bei einer Bilanzierung nach den IFRS ergeben sich häufig größere Abweichungen zur Steuerbilanz, die zu den Bilanzierungs- und Bewertungsunterschieden zwischen IFRS- und Steuerbilanz und dann zu latenten Steuern führen. Durch die Aktivierung latenter Steuern erhöht sich das bilanzielle Eigenkapital und damit sinkt der Verschuldungsgrad.
[211] § 274 I HGB-E sah eine Aktivierungspflicht der latenten Steuern vor.
[212] Vgl. Haller u.a. (2008), S. 44f.

Hinblick auf die praktische Umsetzbarkeit der Erstellung einer Einheitsbilanz.[213] Mit Hilfe der passiven und aktiven latenten Steuern wird die Handelsbilanz in Richtung der Steuerbilanz korrigiert.[214] Die Ergebnisse zeigen einen positiven Zusammenhang zwischen der Aktivierung latenter Steuern und einer Gewährleistung der übereinstimmenden Behandlung mit der Steuerbilanz. Die Abschaffung der umgekehrten Maßgeblichkeit und die Steuerneutralität als Ziel des Gesetzgebers werden in der Zukunft zur wachsenden Bedeutung latenter Steuern führen.

In Rahmen der Auswertung der an den DSR gerichteten Stellungnahmen werden offene Fragen bezüglich der aktiven latenten Steuern auf temporäre Differenzen und latenter Steuern bei ertragsteuerlicher Organschaft analysiert.[215] DSR kommt zum Ergebnis, dass einige ungeregelte Sachverhalte hinsichtlich aktiver latenter Steuern und latenter Steuern bei ertragsteuerlicher Organschaft bestehen. Der Standardisierungsrat schlägt eine Überarbeitung der bestimmten Formulierungen vor, um damit eine Klarstellung der rechtlichen Unsicherheiten zu erreichen.[216]

4.1.3 Teilfazit

Die bisherigen Untersuchungen belegen die Änderungsrelevanz des HGB hinsichtlich der Entwicklung der Bilanzierungspraxis von mittelständischen Unternehmen unter der Einflussnahme der internationalen Rechnungslegung. Die zunehmende Bedeutung der latenten Steuerabgrenzung wird bestätigt. Nicht zuletzt hat die verstärkte Einflussnahme internationaler Rechnungslegungsnormen auf die deutsche Bilanzierungspraxis zu einer Aufwertung der Thematik latenter Steuern in den Jahresabschlüssen geführt. Trotz der Aufwertung latenter Steuern und intensiver Diskussion im Schrifttum ist eine zusätzliche Auseinandersetzung festzustellen.

Die Beurteilung der Aktivierung latenter Steuern scheint durch die grundsätzlich vom Vorsichtsprinzip geformte Rechnungslegungsauffassung geprägt zu sein. Hieraus erklärt sich die meist gespaltene Einstellung zur Steuerlatenzrechnung und die dabei mehrheitlich geäußerte Auffassung, dass diese nicht zu einer Änderung der Durchführung der Bonitätsanalyse führen würde.

---

[213] Vgl. Haller/Ferstl/Löffelmann (2011), S. 889.
[214] Vgl. Suermann/Püschel/Siebert (2008), S. 44.
[215] Es werden dazu Stellungnahmen zu den latenten Steuern aus Konsolidierungsvorgängen ausgewertet. Da die vorliegende Untersuchung sich auf eine Analyse der Einzeljahresabschlüsse beschränkt, wird dies nicht ferner untersucht.
[216] Vgl. DSR (2010), URL siehe Literaturverzeichnis.

Wie bereits erwähnt, liegt bei allen bisherigen Untersuchungen zur Bilanzierungspraxis der deutschen mittelständischen Unternehmen hinsichtlich der Steuerabgrenzung eine gewisse Unbeständigkeit der Datenmenge vor. Die Bilanzierungspraxis ist durch Unklarheiten und Unsicherheiten im Ausweis latenter Steuern gekennzeichnet.

Die Rechnungslegung für mittelständische Unternehmen steht derzeit im Mittelpunkt umstrittener Diskussionen. Einerseits sollte das BilMoG auf nationaler Ebene eine weniger komplexe und kostengünstige Alternative zu den IFRS ermöglichen, andererseits wird im Schrifttum über die zunehmende Bedeutung des IFRS for SMEs diskutiert.

4.2 Festlegung des Untersuchungsaufbaus

Mit der Umstellung der Rechnungslegung auf die neuen Vorschriften des HGB (BilMoG) kommt der Steuerabgrenzung der mittelständischen deutschen Unternehmen eine wichtige Indikatorfunktion zu.

Empirische Auswertungen stoßen regelmäßig an die Grenzen ihrer Aussagekraft. Gleichzeitig dienen sie dem Nachweis aufgestellter theoretischer Zusammenhänge.[217] Nichts anderes gilt für die hier angestellten Analysen, die die empirische Nachweisbarkeit über die komplizierten Bilanzierungssachverhalte, wie die Steuerlatenzrechnung, in den Mittelpunkt stellen. Das primäre Ziel dieser empirischen Untersuchung ist in der Er- und Vermittlung der aktuellen Bilanzierungspraxis deutscher mittelständischer Unternehmen aussagekräftige Informationen zu erheben. Die Ergebnisse der Studie dienen dazu, die Aussagen über die Annäherung der HGB–Rechnungslegungsvorschriften an die IFRS zu treffen. Auf dieser Grundlage sollen Empfehlungen für eine künftige Konvergenz zwischen Rechnungslegung nach dem HGB und den IFRS abgeleitet und zur Diskussion gestellt werden.

Wie bereits erwähnt, besteht die Möglichkeit nach Art. 66 III S. 5 EGHGB durch das BilMoG geänderte Vorschriften vorzeitig, d.h. auf das nach dem 31.12.2008 beginnende Geschäftsjahr anzuwenden.[218] Aufgrund der freiwilligen Anwendung und Unvollständigkeit der Datenmenge

---

[217] Vgl. Zwirner (2010b), S. 1653.
[218] Vgl. Kessler (2008), S. 120.

können diese Abschlüsse bei den empirischen Erhebungen nicht berücksichtigt werden. Infolgedessen werden im Rahmen dieser Studie die Jahresabschlüsse hinsichtlich der Bilanzierung latenter Steuern für das nach dem 31.12.2009 beginnende Geschäftsjahr untersucht.

4.3 Untersuchungsgegenstand und Untersuchungsdesign

Da der Fokus dieser Studie auf der Bilanzierungspraxis der mittelständischen Unternehmen liegt, muss zuerst klargestellt werden, welche Mittelstandsdefinition der vorliegenden Untersuchung zugrunde liegt.

Für den Begriff Mittelstand existiert keine gesetzliche oder allgemein gültige Definition. Vielmehr werden unterschiedliche Definitionen verwendet, die sowohl quantitative als auch qualitative Merkmale zur Abgrenzung enthalten. In der Praxis werden häufig die Definition des Instituts für Mittelstandsforschung,[219] die Definition der Europäischen Union für KMU[220] und Größenklassen des HGB für Kapitalgesellschaften (§ 267 HGB) angewendet. Quantitative Definitionen sind für empirische Untersuchungen besonders geeignet, da durch quantitative Kriterien eine scharfe Trennung und operationalisierbare Abgrenzung von Unternehmen möglich ist.[221] Deshalb werden für die Zwecke der empirischen Untersuchung die Abgrenzungskriterien wie Anzahl der Mitarbeiter, Bilanzsumme und Jahresumsatz festgelegt. Als Zielgruppe der vorstehenden Untersuchung wurden Unternehmen als mittelständisch definiert, die mindestens 10 Mitarbeiter, eine Jahresbilanzsumme von 1 Million Euro haben und eine Einheit von Eigentum, Haftung und Führung darstellen. Als Obergrenze wurden 250 Mitarbeiter und eine Jahresbilanzsumme von 43 Millionen Euro festgelegt.[222]

---

[219] Das Institut für Mittelstandsforschung Bonn definiert unabhängige Unternehmen mit bis zu neun Beschäftigten und weniger als 1 Million Euro Jahresumsatz als kleine Unternehmen und solche mit bis 499 Beschäftigten und einem Jahresumsatz von bis unter 50 Millionen Euro, die keine kleinen Unternehmen sind, als mittlere Unternehmen. Gemäß der quantitativen Mittelstandsdefinition des IfM Bonn werden unabhängige kleine und mittlere Unternehmen (KMU) als Mittelstand angesehen. Der Begriff Mittelstand bedeutet nicht mittlere Unternehmen, sondern schließt immer die kleinen Unternehmen mit ein. *IfM Bonn, URL siehe Literaturverzeichnis.*

[220] Ein mittleres Unternehmen wird definiert als ein Unternehmen, das weniger als 250 Mitarbeiter beschäftigt und dessen Umsatz 50 Millionen Euro oder dessen Jahresbilanz 43 Millionen Euro nicht überschreitet. *Europa EU, URL siehe Literaturverzeichnis.*

[221] Vgl. KPMG (2008), S. 11, URL siehe Literaturverzeichnis.

[222] Um eine hinreichende Datenbasis zu liefern und der in Kapitel 3 geführten Diskussion Rechnung zu tragen, werden die Kriterien für ein mittelständisches Unternehmen so ausgewählt, dass die von der Prüfungspflicht durch einen vereidigten Buchprüfer oder Wirtschaftsprüfer befreiten Geschäftsberichte in die Auswertung einbezogen werden. Die Prüfungspflicht bestimmt sich nach § 316 HGB.

Diese Definition wurde bewusst festgelegt, da die Analyse im Hinblick auf die Bilanzierung latenter Steuern auf Jahresabschlüsse abgestellt wird, die bei den Handelsregistern hinterlegt und über den Bundesanzeiger veröffentlicht werden.[223]

Für die Untersuchung werden die Jahresabschlüsse der Unternehmen nach dem Zufallsprinzip in Abhängigkeit von den oben angegebenen Größen ausgewählt. Um eine hinreichende Vergleichbarkeit und eine angemessene homogene Datenbasis zu gewährleisten, werden ferner Abschlüsse von kapitalmarktorientierten Unternehmen und Unternehmen, die in den Bereichen Bankwesen, Versicherungswesen und Finanzdienstleistungen tätig sind, ausgeschlossen. Zu diesem Zweck wurden die Jahresabschlüsse von insgesamt 314 mittelständischen Unternehmen untersucht, deren Abschlussstichtag der 31. 12. des Kalenderjahres ist. Den Ergebnissen dieser Untersuchung liegt folglich eine umfassende Datenbasis zugrunde.

Auf eine branchenspezifische Aufteilung des Untersuchungssamples wird verzichtet, obwohl der Verzicht die mögliche Vergleichbarkeit der Branchen eingrenzt. Für die innerhalb des Untersuchungsgegenstandes weiterhin bestehenden Branchenunterschiede wird unterstellt, dass sie sich über die Grundgesamtheit ausgleichen und dennoch ein belegbares Ergebnis gewährleisten.

Zur möglichst repräsentativen und interpretierbaren Darstellung der Bilanzierungspraxis der mittelständischen Unternehmen im Hinblick auf latente Steuern wurde die Datengrundlage der empirischen Auswertungen nach Rechtsform unterteilt.

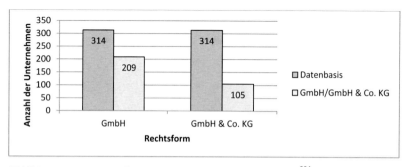

Abbildung 1: Datengrundlage der empirischen Auswertungen.[224]

---

[223] Trotz der Verbesserung der Recherchemöglichkeiten in letzten Jahren durch die Einführung des elektronischen Unternehmensregisters und der Publikation der Jahresabschlüsse im elektronischen Bundesanzeiger, bleibt der Informationsgehalt der veröffentlichen Dokumente sehr gering.

Aus der vorliegenden Abbildung geht hervor, dass die Datenerhebung aus den 314 Jahresabschlüssen deutscher mittelständischer Unternehmen erfolgt. Vor dem Hintergrund der unterschiedlichen Rechtsformen liegen ferner die 209 Jahresabschlüsse der GmbH-Unternehmen und 105 Jahresabschlüsse der GmbH & Co. KG-Unternehmen dieser empirischen Analyse zugrunde.

Folgende Daten wurden aus den Jahresabschlüssen der Unternehmen gesammelt:

Quantitative Daten:[225]

- Bilanzsumme
- Aktive latente Steuern
- Passive latente Steuern
- Steuerrückstellung für latente Steuern

Qualitative Daten:

- Rechtsform[226]
- Rechnungslegungsvorschriften
- Werden latente Steuern angesetzt?
- Werden latente Steuern unverrechnet oder saldiert ausgewiesen?
- Werden latente Steuern auf Verlustvorträge gebildet?
- Angaben zu wesentlichen Ursachen latenter Steuern
- Umfang der Anhangangaben
- Prüfungspflicht

Im Rahmen der empirischen Analyse werden in einem Jahresabschluss je Unternehmen zwölf Merkmale untersucht. Regelverstöße werden hier nicht untersucht. In Einzelfällen können Regelverstöße vermutet werden.[227]

---

[224] Quelle: Eigene Darstellung.
[225] Die Unternehmen, die weniger als 10 oder mehr als 250 Mitarbeitern beschäftigen, wurden ausgeschlossen.
[226] Ferner wurden die Jahresabschlüsse aller Unternehmen analysiert, ob ein Gewinnabführungsvertrag mit einem anderen Unternehmen besteht und ob es sich um eine Organgesellschaft oder einen Organträger handelt.

4.4 Ergebnisse der empirischen Untersuchung

4.4.1 Relevanz der latenten Steuern im Einzelabschluss

Über die empirische Grundgesamtheit betrachtet, stellen sich der Umfang und das Ausmaß der latenten Steuerabgrenzung deutscher mittelständischer Unternehmen wie folgt dar.

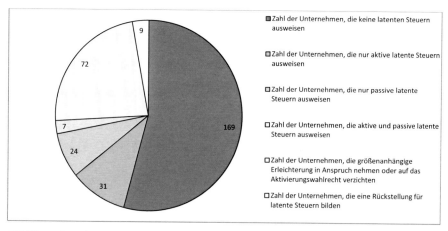

Abbildung 2: Bedeutung der latenten Steuern in den untersuchten Jahresabschlüssen.[228]

Von den 312 untersuchten Jahresabschlüssen[229] werden in 169 Abschlüssen (siehe Abbildung 2) weder latente Steuern ausgewiesen noch Anhangangaben bezogen auf latente Steuern gemacht.[230] Aufgrund der in den Jahresabschlüssen offengelegten Informationen hinsichtlich der latenten Steuern, die nicht immer vorhanden sind oder ausführlich vorliegen, ergeben sich für die Durchführung dieser Untersuchung Schwierigkeiten im Hinblick auf fehlende Daten. Bevor die vorliegenden Ergebnisse weiter ausgewertet werden können, sind angesichts dieser Probleme folgende Annahmen zu treffen:

---

[227] DPR hat im Jahr 2006 in 19 Fällen fehlerhafte Rechnungslegung festgestellt. In vier Fällen davon war eine fehlerhafte Bilanzierung auf latente Steuern aus steuerlichen Verlustvorträgen zurückzuführen. Vgl. Berger/Hauck/Prinz (2007), S. 412.
[228] Quelle: Eigene Darstellung.
[229] Sofern nicht anders angegeben, beziehen sich die Auswertungen im Folgenden immer auf die Gesamtheit der untersuchten Unternehmen.
[230] Es ist anzumerken, dass zu den Unternehmen, die keine latenten Steuern ausweisen, solche Unternehmen gehören, die explizit keine Angaben über Inanspruchnahme der größenabhängigen Erleichterung des § 274a HGB oder Verzicht auf das Aktivierungswahlrecht im Anhang tätigen.

- Bei Unternehmen, die keine latenten Steuern ausweisen, bestehen keine Abweichungen zwischen der Handels- und Steuerbilanz
- bzw. die Höhe der Differenzen ist unwesentlich gering.

Ob die hohe Zahl der Unternehmen, die keine latenten Steuern ausweisen und keine Anhangangaben machen, auf die Verletzung der Rechnungslegungsvorschriften oder die enormen Ermessensspielräume zurückzuführen ist, lässt sich diskutieren, kann aber durch die gewählte Untersuchungsmethode nicht belegt werden.

Die in der vergangenen Studie getroffene Feststellung, dass viele mittelständische Unternehmen bestrebt sind, eine Einheitsbilanz zu erstellen, kann in dieser Untersuchung hinsichtlich der betrachteten Ergebnisse der Steuerlatenzierung unter Berücksichtigung der Annahmen genauso interpretiert werden. Von den 169 Unternehmen machen drei Unternehmen explizit im Anhang die Angaben über die Anpassung der Anschreibung im Jahresabschluss an steuerliches Recht.

Wie in der Abbildung 2 dargestellt, weisen sieben Unternehmen sowohl aktive als auch passive latente Steuern aus. 55 Unternehmen weisen in ihrem Jahresabschluss entweder aktive oder passive latente Steuern aus.[231] In neun Fällen werden passive latente Steuern innerhalb des Postens Rückstellungen bilanziert.

Das Ergebnis – im Sinne einer Dominanz der Unternehmen, die keine latenten Steuern berücksichtigen – liegt im Rahmen der Erwartungen, da im Hinblick auf die in Kapitel 2.2.2.1 beschriebenen Aktivierungs- und in Kapitel 2.3.2.3 beschriebenen Saldierungswahlrechte grundsätzlich von einem Verzicht auf die Ausübung der Wahlrechte bezüglich der Bilanzierung aktiver latenter Steuern auszugehen ist. Aus Unternehmenssicht scheint es plausibel, dass die Unternehmen die freiwillige Anwendung des § 274 HGB vermeiden.

Vor dem Hintergrund der beschriebenen Wahlrechte und der dargestellten empirischen Befunde wird deutlich, welche Einflussnahme durch das Beibehalten von Wahlrechtsausübungen und nicht erläuterungspflichtigen Angaben auf die Jahresabschlussanalyse erreicht werden kann. Aufgrund

---

[231] Vgl. Abbildung 2. Die Zahl der Unternehmen, die in ihrem Jahresabschluss entweder aktive oder passive latente Steuern ausweisen, ergibt sich als die Gesamtsumme der Unternehmen, die nur aktive und nur passive latente Steuern ausweisen.

der fehlenden Erläuterungen können keine Aussagen über die Nachhaltigkeit und den ökonomischen Gehalt gemacht werden.

Hinsichtlich der Bilanzierung passiver latenter Steuern ist zu bemerken, dass neun Unternehmen der in Kapitel 3.1 diskutierten Interpretation des IDW und den weiten Teilen des Schrifttums folgen und ermittelte passive latente Steuern innerhalb des Postens Rückstellungen ausweisen.[232] Ein Unternehmen löst dagegen gebildete passive latente Steuern auf, mit dem Verweis im Anhang auf die Befreiungsvorschriften des § 274a Nr. 5 HGB zur Steuerlatenzrechnung.

Da passive latente Steuern nach allen hier betrachteten Rechnungslegungsvorschriften ansatzpflichtig sind,[233] wird auf eine detailliertere Betrachtung verzichtet.

4.4.2 Umfang der Aktivierung latenter Steuern

Bei 12 % der 312 untersuchten Unternehmen waren zum betrachteten Geschäftsjahresende aktive latente Steuern – saldiert oder unverrechnet – im Jahresabschluss vorhanden. Dieses Ergebnis geht mit den Ergebnissen der vergangenen Studien von Haller/Löffelmann/Beiersdorf/Bolin/Etzel/Haussmann konform, in der 36 % der Befragten eine Bilanzierungspflicht der aktiven latenten Steuern als vorteilhaft ansehen.[234]

Die Datengrundlage wird ferner in der Abhängigkeit vom Ausweis und Verzicht auf die Ausübung der Wahlrechte hinsichtlich der Bilanzierung aktiver latenter Steuern getrennt nach Rechtsformen der untersuchten Unternehmen ausgewertet:

---

[232] Aufgrund der fehlenden Anhangangaben ist es nicht möglich zu untersuchen, ob das alte Konzept (Timing–Konzept des § 274 HGB a.F.) für latente Steuern weiter angewendet wurde. Das IDW sieht in IDW RS HFA 7 n.F. Rdn. 23 die Ermittlung latenter Steuern gem. § 274 HGB nach dem Temporary–Konzept vor, schließt dagegen widersprüchlicherweise in Rdn. 24 quasi–permanente Differenzen von der Berücksichtigung aus.
[233] Da die Rechtsunsicherheit bezüglich der Steuerlatenzrechnung für kleine Kapitalgesellschaften und Personengesellschaften besteht, wird hier anhand der empirischen Befunde angenommen, dass viele Bilanzierende der Interpretation des IDW folgen werden.
[234] Vgl. Kapitel 4.1.2.

	KG			GmbH			Gesamt		
	Anzahl	davon OT	davon OG	Anzahl	davon OT	davon OG	Anzahl	davon OT	davon OG
Saldierter Ausweis	5	0	0	4	0	0	9	0	0
Unverrechneter Ausweis	5	0	0	23	2	1	28	2	1
Verzicht auf die Aktivierung[235]	11	0	0	27	1	9	38	1	9
Alle	21	0	0	54	3	10	75	3	10

Tabelle 3: Umfang der Aktivierung latenter Steuern.[236]

Die vorliegende Tabelle gibt eine Übersicht über die Behandlung aktiver latenter Steuern in den untersuchten Jahresabschlüssen. Nahezu 38 Unternehmen bzw. 51 % der 75 untersuchten Unternehmen greifen, sofern ein aktiver Überhang vorliegt, auf den Wortlaut des § 274 HGB zurück und verzichten auf das Ansatzwahlrecht für aktive latente Steuern.

Für das Geschäftsjahr 2010 weisen 37 Unternehmen bzw. 49 % der 75 untersuchten Unternehmen aktive latente Steuern in ihren Jahresabschlüssen aus, wobei die Bedeutung der Saldierungsregel bestätigt wird.[237] Dies ist insoweit bemerkenswert, als für die Bilanzierung aktiver latenter Steuern im handelsrechtlichen Einzelabschluss ein Wahlrecht gewährt wird und diese aus Sicht der Kreditinstitute bei der Bonitätsanalyse eliminiert werden müssen.[238]

Des Weiteren geben neun Organgesellschaften (siehe Tabelle 3) im Anhang an, dass die zu erwartende künftige Be- bzw. Entlastung beim Organträger bilanziert wird. Nur eine Organgesellschaft aktiviert latente Steuern auf Steuerumlagen. Auf den ersten Blick ist dies ein verständliches Ergebnis, da die Bilanzierungspraxis ein Reflex der in Kapitel 3.3 diskutierten Rechtsunsicherheit und der in Kapitel 4.1.2 erörterten bisherigen empirischen Ergebnisse darstellt.

---

[235] Die Auswertung beinhaltet explizite Angaben im Anhang. Der Verzicht auf die Ausübung des Aktivierungswahlrechts bezieht sich nicht nur auf aktive latente Steuern, sondern auch auf den aktiven Überhang.
[236] Quelle: Eigene Darstellung.
[237] 24 % der Unternehmen, die aktive latente Steuern ausweisen, haben die Regelung zur Saldierung latenter Steuern herangezogen.
[238] Die vom DRSC im Jahre 2008 durchgeführte Studie zum ED-IFRS for SMEs und BilMoG bezüglich der Anforderungen an den Inhalt von Jahresabschlüssen für Zwecke der Kreditwürdigkeitsanalyse belegt, dass 36 % der befragten nicht-kapitalmarktorientierten mittelständischen Unternehmen eine Bilanzierungspflicht der aktiven latenten Steuern als vorteilhaft sahen. Weitere 37% sahen in einer Bilanzierungspflicht weder einen Vor- noch einen Nachteil. Vgl. DRSC (2008), S. 54.

An dieser Stelle können die Ergebnisse der Kritik eines punktuellen Betrachtungszeitpunkts ausgesetzt werden, da es noch nicht möglich ist, die Steuerabgrenzung der mittelständischen Unternehmen nach dem BilMoG im Zeitablauf näher zu untersuchen. Um die Wesentlichkeit aktiver latenter Steuern nach dem BilMoG in der Bilanzierungspraxis zu verdeutlichen und gleichzeitig der Kritik standzuhalten, werden empirische Befunde für 37 Unternehmen,[239] die im Jahresabschluss 2010 aktive latente Steuern ausweisen, für die zwei vergangenen Berichtsjahre aus den jeweiligen Jahresabschlüssen erhoben.

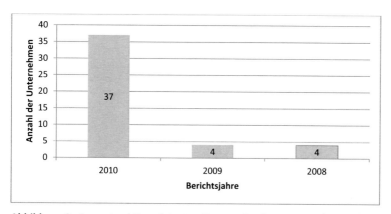

Abbildung 3: Ausweis aktiver latenter Steuern in den untersuchten Jahresabschlüssen für die Berichtsjahre 2008 bis 2010.[240]

Aus der Abbildung 3 geht hervor, dass vier Unternehmen bzw. rund 11 % vor dem BilMoG aktive latente Steuern bilanzierten. Auch wenn die dargestellten Ergebnisse nur einen bestimmten Zeitraum abbilden und auf eine begrenzte Datenbasis basieren, lässt sich hingegen aufgrund der empirischen Befunde die zunehmende Bedeutung der latenten Steuern in den analysierten Jahresabschlüssen belegen.[241]

---

[239] Bei den 37 untersuchten Unternehmen handelt es sich um solche Unternehmen, die zum 31.12.2010 aktive latente Steuern – saldiert oder unverrechnet – im Jahresabschluss ausweisen (siehe Tabelle 3).
[240] Quelle: Eigene Darstellung.
[241] Da die bilanzpolitische Auswertung nicht den Mittelpunkt der empirischen Untersuchungen bildet, wird im Rahmen der Analyse auf den Effekt der Berücksichtigung latenter Steuern auf die Eigenkapitalquote verzichtet.

4.4.3 Angaben zu Ursachen von latenten Steuerpositionen

Als Ort der Information hinsichtlich der Bilanzierung latenter Steuern dient den Unternehmen i.d.R. der Anhang. Die Qualität der Anhangangaben über die Ursachen von latenten Steuerpositionen variiert bei den Gesellschaften zum Teil beträchtlich. Die Angaben erfolgen in einigen Fällen überhaupt nicht bzw. stark eingeschränkt. Die meisten Unternehmen lehnen sich bei ihren Ausführungen eng an den Wortlaut des HGB an und zitieren das Gesetz zum Teil wörtlich.

Die Ursachen der Steuerabgrenzung sind gemäß § 289 Nr. 29 HGB anzugeben, wobei der Rechtsausschuss betont, dass die Angaben ebenfalls notwendig sind, wenn ein Ausweis unterbleibt. Die Ursachen der Entstehung latenter Steuern bei den untersuchten Unternehmen werden in tabellarischer Form wiedergegeben.

Ursachen	Unternehmen, die latente Steuern bilanzieren		Unternehmen, die auf die Bilanzierung latenter Steuern verzichten		Gesamtzahl der analysierten Unternehmen	
	Anzahl	%	Anzahl	%	Anzahl	%
Pensionsrückstellungen	7	9,8	3	7,9	10	9,2
steuerliche Verlustvorträge	10	14,1	6	15,8	16	14,7
Sachanlagen	5	7,0	1	2,6	6	5,5
sonstige Rückstellungen[242]	6	8,5	3	7,9	9	8,3
Investitionsabzugsbetrag	6	8,5	-	-	6	5,5
Fremdwährungsumrechnung	1	1,4	-	-	1	0,9
steuerliche Umlage	1	1,4	-	-	1	0,9
sonstige[243]	1	1,4	-	-	1	0,9
keine Angaben	34	47,9	25	65,8	59	54,1
Summe	71	100	38	100	109	100

Tabelle 4: Ursachen der Entstehung latenter Steuern.[244]

---

[242] Hier handelt es sich um Rückstellungen für Urlaub und Jubiläumszuwendungen, Rückstellungen für das Arbeitszeitguthaben, Aufwandsrückstellungen und sonstige Rückstellungen, die handelsrechtlich gebildet werden und steuerrechtlich unzulässig sind.
[243] Hier handelt es sich um latente Steuern, die aufgrund der Berücksichtigung der Ergänzungsbilanzen bei einer Personengesellschaft entstanden sind.
[244] Quelle: Eigene Darstellung.

Der Tabelle 4 lässt sich entnehmen, dass 59 Unternehmen bzw. 54 % von den 109 untersuchten Unternehmen keine bzw. keine quantitativen Angaben zu den Ursachen latenter Steuern machen. Die Einhaltung der Vorgaben des § 289 Nr. 29 HGB ist durch vorliegende Anhanginformationen kaum gegeben. In den 19 untersuchten Jahresabschlüssen führen Ansatz- und Bewertungsdifferenzen bei den Pensionsrückstellungen und sonstigen Rückstellungen zur Bildung latenter Steuern.[245] Weiterhin sind bei 16 Unternehmen Steuererstattungsansprüche auf Verlustvorträge festzustellen (siehe Tabelle 4). Diese beiden Ursachen, die unterschiedliche Behandlung von Rückstellungen und steuerliche Verlustvorträge, betreffen 70 % der untersuchten Unternehmen. Die unterschiedlichen Ursachen der Entstehung latenter Steuern hängen von den Geschäftstätigkeitsfeldern des analysierten Unternehmens ab.[246]

Die Ursachen passiver latenter Steuern liegen vor allem in der Inanspruchnahme eines Investitionsabzugsbetrages nach § 7g EStG. 8,5 % der analysierten Unternehmen (siehe Tabelle 4) weisen passive latente Steuern in der Bilanz auf oder bilden eine Rückstellung für passive latente Steuern. Fraglich ist, ob die Unternehmen latente Steuern nach dem Temporary–Konzept und in Kapitel 2.3.2.1 dargelegten gesetzlichen Vorschriften bilden oder weiterhin den breiten Teilen des Schrifttums folgend nach dem Timing–Konzept[247] erfassen.

4.4.4 Aktive latente Steuern auf steuerliche Verlustvorträge

Die Relevanz latenter Steueransprüche auf steuerliche Verlustvorträge für die Bilanzierungspraxis deutscher Unternehmen wurde bereits in Kapitel 2.3.4 erörtert. Zusätzlich zu den aufgeführten Ergebnissen ist die Abgrenzung aktiver latenter Steuern auf steuerliche Verlustvorträge aufgrund der Neuregelung durch das BilMoG einer Analyse zu unterziehen.

Von den untersuchten Unternehmen bilanzieren 14,1 % aktive latente Steuern auf Verlustvorträge.[248] Da es sich bei der Bilanzierung der aktiven latenten Steuern bzw. des aktiven Überhangs[249]

---

[245] Dies liegt zum einen daran, dass die Pensionsrückstellungen nach dem HGB höher bewertet werden, und zum anderen, dass andere Rückstellungen steuerlich nicht anerkannt sind.
[246] Das Untersuchungssample beinhaltet die Jahresabschlüsse von Unternehmen aus den Bereichen Industrie, Handel und Dienstleistung.
[247] Die Problematik wurde in Kapitel 3.1 diskutiert.
[248] Vgl. Tabelle 3.
[249] In dem Fall werden aktive latente Steuern auf steuerliche Verlustvorträge mit passiven latenten Steuern verrechnet.

um freiwillige Anwendung des § 274 HGB handelt, ist diesem Bereich in der Bilanzierungspraxis der mittelständischen Unternehmen gesondert Beachtung zu schenken.

Mit Blick auf die Wesentlichkeit lässt sich bei den 143 untersuchten Jahresabschlüssen[250] ein Anteil von 7 % der Unternehmen feststellen, die aktive latente Steuern auf steuerliche Verlustvorträge ausweisen. Dies ist eine verständliche Entwicklung, da die Aktivierung latenter Steuern auf steuerliche Verlustvorträge eine Ergebnissituation abbildet.[251] Aufgrund der Größenordnung kann dieser Wert vergleichsweise gering erscheinen. Nicht zu vergessen ist, dass die Bilanzierungspraxis der deutschen Unternehmen durch das Vorsichtsprinzip geprägt ist.

Eine Analyse des Anteils der aktiven latenten Steuern auf steuerliche Verlustvorträge an den gesamten aktiven latenten Steuern verbietet sich, da fast alle untersuchten Unternehmen keine Anhangangaben zur Höhe der aktiven latenten Steuern auf Verlustvorträge machen.

Kritisch ist anzumerken, dass in der Rechnungslegung der untersuchten Unternehmen die Ausführungen zu latenten Steuern auf Verlustvorträge nicht oder nur oberflächlich erläuternd vorlagen. Die geäußerte Kritik kann man aus der folgenden Tabelle entnehmen:

---

[250] Die Anzahl der berücksichtigten Jahresabschlüsse ergibt sich aus der Abbildung 2 als Differenz zwischen allen analysierten Unternehmen und Unternehmen, die keine latenten Steuern ausweisen und explizit keine Angaben über Inanspruchnahme der größenabhängigen Erleichterung des § 274a HGB oder über den Verzicht auf das Aktivierungswahlrecht im Anhang tätigen.
[251] Vgl. Zwirner (2005), S. 1557

Sachverhalte	Anzahl der Unternehmen	
	Absolut	%
Verlustvorträge, für die latente Steuern gebildet wurden:	10	62,5 %
• Angaben zum Gesamtbetrag der Verlustvorträge	4	40 %
• zusätzliche Angaben zur Laufzeit	2	20 %
• Angaben zum unverrechneten Ausweis	5	50 %
• Angaben zum verrechneten Ausweis	5	50 %
Verlustvorträge, für die keine latenten Steuern gebildet wurden:	6	37,5 %
• Angaben als nicht bilanzierter Verlustvortrag	1	16,7 %
• Angaben zum Verzicht auf Bildung aktiver latenter Steuern	5	83,3 %
• Angaben zum Gesamtbetrag der Verlustvorträge	2	33,3 %
Insgesamt	16	100 %

Tabelle 5: Anhangangaben zu steuerlichen Verlustvorträgen.[252]

Wie in der Tabelle 5 dargestellt, führen vier von zehn Unternehmen, die aktive latente Steuern auf Verlustvorträge bilden, den Gesamtbetrag der Verlustvorträge bzw. der aktiven latenten Steuern auf Verlustvorträge im Anhang auf. Lediglich zwei Unternehmen machen Angaben zur Fristigkeit der steuerlichen Verlustverrechnung.

Positiv ist anzumerken, dass zwei Unternehmen bzw. 33,3 % (siehe Tabelle 5) freiwillige Angaben zum Gesamtbetrag der vorhandenen ungenutzten Verlustvorträge machen. Nur ein Unternehmen macht Angaben im Anhang, dass der vorhandene Verlustvortrag nicht bilanzierungsfähig ist.

Diese veröffentlichten Informationen sind sehr intransparent, da einem externen Bilanzleser zur Beurteilung der wirtschaftlichen Lage eines Unternehmens die Instrumente der internen Rechnungslegung nicht zur Verfügung stehen. Er ist daher insbesondere auf entsprechende Anhangangaben angewiesen.[253]

Es ist zu bemerken, dass der Ansatz aktiver latenter Steuern auf steuerliche Verlustvorträge von der Entscheidung des Managements abhängig ist. Die in der Vergangenheit geführten Untersuchungen der Berichterstattungspraxis der deutschen Unternehmen, die einen Konzernabschluss nach den IFRS erstellen, haben gezeigt, dass das Management der untersuchten Unternehmen

---

[252] Quelle: Eigene Darstellung.
[253] Vgl. Höfer (2009), S. 222.

folglich mit der Aktivierung latenter Steuern auf Verlustvorträge über ein umfangreiches Gestaltungsinstrument verfügt. Infolgedessen entstehen schon hier bereits Wahlrechte, da die Einschätzung, ob künftige steuerpflichtige Gewinne zur Verrechnung des Verlustvortrages vorliegen werden, die Methode zur Einschätzung der Wahrscheinlichkeit künftiger Gewinne und die Methodengestaltung, stark ermessensbehaftet sind.[254]

Insgesamt sind mangelnde Anhangangaben beim Ansatz aktiver latenter Steuern in den untersuchten Jahresabschlüssen kritisch zu beurteilen, da die Möglichkeit, sich einen angemessenen Einblick in die Vermögens-, Finanz- und Ertragslage zu verschaffen, nicht gegeben ist.

4.5 Konvergenz der Bilanzierungspraxis deutscher mittelständischer Unternehmen nach BilMoG

Seit einigen Jahren bemüht sich der Gesetzgeber die Konvergenz zwischen den IFRS- und HGB–Vorschriften herzustellen. Dieses Ziel hinsichtlich der latenten Steuern wurde in § 274 HGB n.F. konkretisiert und führte zu einer Reihe von Diskussionen im Schrifttum.

Die abweichende Formulierung des Gesetzes vom Regierungsentwurf[255] verdeutlicht die Komplexität der Steuerabgrenzung. Die Unsicherheiten und Unklarheiten des Gesetzwortlauts bestätigen die empirischen Ergebnisse.

Ob die durch das BilMoG geschaffte Bilanzierungsgrundlage zur Behandlung latenter Steuern in den Jahresabschlüssen der deutschen mittelständischen Unternehmen zu einer Konvergenz zwischen den IFRS und der Bilanzierungspraxis führt, wird aus der folgenden Konvergenz–Divergenz-Analyse ersichtlich. Dabei werden die Bewertungsstufen und Bewertungssymbole wie folgt festgelegt:

---

[254] Vgl. Lienau (2006), S. 151ff.
[255] Der Regierungsentwurf sah einen unverrechneten Ausweis latenter Steuern und eine Ansatzpflicht für aktive latente Steuern vor. *Vgl. BilMoG-RegE (2008), S. 9.*

hohe Konvergenz	relative Konvergenz	Unverändert	relative Divergenz	hohe Divergenz	nicht anwendbar
++	+	0	-	- -	n/a

Tabelle 6: Bewertung der Konvergenzen/Divergenzen zwischen den IFRS und der Bilanzierungspraxis der mittelständischen Unternehmen.[256]

Die Bewertung der Konvergenzen/Divergenzen wird durch Paarvergleich von den IFRS-Vorschriften und den gesetzlichen Vorschriften nach dem HGB (BilMoG) bzw. den empirischen Befunden durchgeführt. Anschließend sind die Sachverhalte mit Hilfe der in der Tabelle 6 bestimmten Bewertungsstufen und Bewertungssymbole zu beurteilen.

Die Untersuchungsergebnisse zu den Konvergenzen und Divergenzen bei der Bilanzierung latenter Steuern lassen sich in der folgenden Tabelle zusammenfassen:

Sachverhalte	Konvergenzen/Divergenzen	
	gesetzliche Vorschriften	empirische Befunde
Bilanzorientierte Betrachtungsweise	++	+/0
Temporary-Konzept der Ermittlung latenter Steuern	++	+
Liability-Methode der Abgrenzung latenter Steuern	++	n/a[257]
Rechtsform- und größenspezifischer Anwendungsbereich	0/-	-
Ursachen der Entstehung latenter Steuern	++	+
Wegfall der umgekehrten Maßgeblichkeit	++	+
Ansatzwahlrecht aktiver latenter Steuern	0/- -	- -
Ansatzpflicht passiver latenter Steuern	0/+[258]	+
Bewertung latenter Steuern	++	++
Wahlrecht zum Ausweis (unsaldiert/saldiert)	0/- -	- -
Ausweis in der GuV	++	n/a
Ausweis in der Bilanz	+/-	+/-

---

[256] Quelle: Eigene Darstellung in Anlehnung an Lorson/Melcher/Zündorf (2009), S. 2, URL siehe Literaturverzeichnis.
[257] Aufgrund der mangelnden Anhangangaben und des expliziten Verweises auf die Abstellung der periodengerechten Erfolgsermittlung wird vermutet, dass die Deferred–Methode angewendet wurde. Dazu macht ein Unternehmen im Anhang ausdrücklich Angaben, dass von der Deferred–Methode Gebrauch gemacht wird.
[258] Aufgrund der Möglichkeit die aktiven latenten Steuern mit den passiven latenten Steuern zu verrechnen ist eine umfassende Konvergenz nicht möglich.

Anhangangaben	0/+	0
Ausschüttungssperre	0/-	0/-
Ansatz latenter Steuern auf steuerliche Verlustvorträge und Zinsvorträge	+	+

Tabelle 7: Ausgewählte Konvergenzen und Divergenzen bei der Bilanzierung latenter Steuern.[259]

Die neue Konzeption des § 274 HGB bei der Ermittlung latenter Steuern sieht eine vermögens- bzw. bilanzorientierte Betrachtungsweise vor. Damit wird eine hohe Konvergenz erreicht. Andererseits befreit § 274a Nr. 5 HGB die kleinen Kapitalgesellschaften von der Anwendung des § 274 HGB mit den zuvor diskutierten Folgen,[260] dass diese Gesellschaften weiterhin von dem Timing–Konzept Gebrauch machen können. Diese Überlegungen bestätigen die empirischen Befunde. In fünf der untersuchten Jahresabschlüsse wird explizit im Anhang angegeben, dass es auf einen Vergleich des handelsbilanziellen und steuerlichen Ergebnisses abgestellt wird. Somit werden latente Steuern in einigen Jahresabschlüssen nach der alten Rechtslage behandelt, bis die Unklarheiten des Gesetzwortlauts durch den Gesetzgeber beseitigt werden.

Das Beibehalten der rechtsformspezifischen Regelungen[261] und die Einführung der größenabhängigen Erleichterungen führen zum Auseinanderdriften vom Einzelabschluss nach dem HGB (BilMoG) und nach den IFRS einer Gesellschaft.

Grundsätzlich sind die Ursachen der Entstehung latenter Steuern nach dem HGB (BilMoG) und den IFRS identisch, da zur Ermittlung latenter Steuern das gleiche Konzept zugrunde liegt. Die empirischen Ergebnisse belegen teilweise,[262] dass aufgrund des Wegfalls der umgekehrten Maßgeblichkeit[263] und der Änderung der handelsrechtlichen Normen zur Bilanzierung einiger Sachverhalte im Einzelabschluss eine Zunahme der Entstehungsursachen latenter Steuern festzustellen ist.[264] Das Ausmaß der Konvergenz kann man als fast vollständig bezeichnen. Dagegen kennt das HGB im

---

[259] Quelle: Eigene Darstellung.
[260] Vgl. Kapitel 3.1.
[261] Die gesetzlichen Regelungen des § 274 HGB gelten für Kapitalgesellschaften und gleichgestellte Gesellschaften anderer Rechtsform, die dem Publizitätsgesetz unterliegen.
[262] Teilweise empirische Bestätigung ist auf unvollständige Anhangangaben zurückzuführen. 54 % der untersuchten Unternehmen machen keine bzw. keine quantitativen Angaben zu den Ursachen latenter Steuern. Drei Unternehmen geben an, dass sie die Absetzung für Abnutzung an das steuerliche Recht anpassen.
[263] Das bedeutet, dass die rein steuerrechtlichen Wahlrechte in der Handelsbilanz nicht mehr zulässig sind.
[264] Vgl. Kapitel 4.4.3.

Vergleich zu den IFRS keine Ausnahmeregelungen, in denen trotz temporärer Differenzen kein Ansatz latenter Steuern erfolgen darf.[265]

Neben den vorgenannten Regelungen, die zu einer Konvergenz führen, bleibt es bei einer aus der Vergangenheit bekannten Abweichung hinsichtlich des Wahlrechts, aktive und passive latente Steuern zu verrechnen und im Fall eines Überhangs der zukünftigen Steuerentlastung auf einen Ausweis zu verzichten. Dieses Wahlrecht wird von 38 Unternehmen ausgeübt[266] und steht damit im Widerspruch zur Zielsetzung des BilMoG, Wahlrechte abzubauen und eine Annäherung an die IFRS herzustellen.

Einen Beweis zur vollständigen Konvergenz in Bezug auf die Anwendung der unternehmensspezifischen Steuersätze bei der Berechnung latenter Steuern liefern die empirischen Befunde. Zehn Unternehmen bzw. 27 % von den 37 Unternehmen, die latente Steuern ausweisen, machen Angaben zu den unternehmensindividuellen Steuersätzen, mit denen die Berechnung latenter Steuern vorgenommen wurde.

Ein Ausmaß der Konvergenz im Ausweis der latenten Steuern unter der eigenen Bilanzposition wird ebenso durch die empirische Analyse bestätigt. Dennoch kommt es zur Divergenz zwischen handelsrechtlichen und internationalen Vorschriften in den Fällen, in denen passive latente Steuern vorliegen und eine Rückstellung für latente Steuerschulden, statt eines separaten Ausweises in der Bilanz, gebildet wird.[267] Ob die gesetzlichen Vorschriften zum Ausweis latenter Steuern in der GuV beachtet wurden, kann man aufgrund der veröffentlichten Informationen nicht feststellen.

Die Verpflichtung zur Anhangerläuterung ausgewiesener latenter Steuern, wurde aus dem § 274 HGB gestrichen.[268] Notwendige Angaben resultieren lediglich aus dem § 285 Nr. 29 HGB. Es ist zu bemerken, dass die Tiefe der Divergenz von den unterschiedlichen Funktionen der nach dem HGB oder den IFRS erstellten Jahresabschlüsse abhängt. Hinzuweisen ist in diesem Zusammenhang darauf, dass ein teilweiser Verzicht auf Erleichterungsvorschriften zu den Anhangspflichten und

---

[265] Ausnahmeregelungen gelten nach § 306 HGB für den Konzernabschluss, nicht für den Einzelabschluss. Fraglich bleibt, ob diese Vorschriften analog in den Einzelabschlüssen angewandt werden können.
[266] Vgl. Kapitel 4.4.2.
[267] Vgl. Kapitel 4.4.1.
[268] Vgl. Herzig/Vossel (2009), S. 1178.

die freiwilligen Angaben zu latenten Steuern[269] zum Informationsgewinn beitragen und damit zu einer Annäherung an die IFRS führen konnten. Allerdings stehen die beobachteten Anhangangaben nicht im Einklang mit der hohen Komplexität der Bilanzierung latenter Steuern. Den gewonnenen Informationsgehalt kann man als unzureichend beurteilen.

Eine Konvergenztiefe bleibt im Hinblick auf das Ausschüttungsinteresse der Anteilseigner und Gläubiger bestehen, da die Anteilseigner ihre Ansprüche auf Ausschüttung der Gewinne erheben und die Gläubiger dagegen die Bonität und Liquidität des Unternehmens gesichert sehen wollen.[270] Die Ausschüttungssperre wird nie eine Annäherung an die IFRS erreichen, vor allem gerade bei den mittelständischen Unternehmen, bei den der HGB-Einzelabschluss als Informationsquelle von großer Bedeutung ist.

Trotz der erheblichen Differenzen wegen des fünfjährigen Zeithorizonts[271] im HGB–Einzelabschluss und expliziter Verankerung des Vorsichtsprinzips bewirkt die bei der Bilanzierung aktiver latenter Steuern eingeführte Aktivierbarkeit latenter Steuern auf Verlustvorträge eine Annäherung an die IFRS. 62,5 % der untersuchten Unternehmen,[272] bei denen aufgrund des vortragsfähigen Verlustes eine Möglichkeit der Aktivierung latenter Steuern vorliegt, nehmen das Aktivierungswahlrecht in Anspruch. Die Aktivierung der latenten Steuern aus dem steuerlichen Verlustvortrag soll eine zu erwartende künftige Steuerminderzahlung signalisieren und die Finanzlage des analysierenden Unternehmens entsprechend den tatsächlichen Verhältnissen abbilden.

Gewichtet man die gewonnen Ergebnisse, so zeigt sich, dass eine Annäherung an die IFRS hinsichtlich der Bilanzierung latenter Steuern trotz bestehender Divergenzen erfolgte. Die bisherige Darstellung hat gezeigt, dass die Bilanzierung latenter Steuern nach dem HGB (BilMoG) an Komplexität zunimmt und teilweise Kenntnisse der IFRS–Bilanzierung verlangt.

---

[269] 37 Unternehmen bzw. 52 % der untersuchten Unternehmen, die latente Steuern bilanzieren, geben im Anhang an, auf welche Differenzen oder steuerliche Verlustvorträge latente Steuern beruhen. 13 Unternehmen bzw. 18 % der untersuchten Unternehmen, die keine latenten Steuern bilanzieren, geben ebenso im Anhang an, auf welche Differenzen oder steuerliche Verlustvorträge latente Steuern beruhen.
[270] Vgl. Schrimpf–Dörgens (2007), S. 31.
[271] Die Frage der Dauer des Planungshorizonts wurde im Schrifttum ausführlich diskutiert. Die breiten Teile des Schrifttums sind der Meinung, dass einerseits im Interesse einer präziseren und verlässlicheren Planung ein unternehmensspezifischer Planungshorizont zu bevorzugen ist. Anderseits ist eine verlässige Prognose für einen mehr als fünfjährigen Planungshorizont nur in Ausnahmefällen möglich. *Vgl. Bolik/Linzbach (2010), S. 1588.*
[272] Vgl. Tabelle 5.

Zugleich ist festzustellen, dass der Abstand zwischen dem HGB und den IFRS hinsichtlich der Behandlung latenter Steuern abgenommen hat. Es kommt zu einer Angleichung an internationale Rechnungslegungsstandards unter Beibehaltung des Gläubigerschutzes.[273] Dabei bleibt der Jahresabschluss weiterhin als Zahlungsbemessungsgrundlage bestehen. Durch das BilMoG wurde eine Annäherung, doch keine vollständige Vergleichbarkeit zu den IFRS erreicht.

Ausgehend von der Globalisierung bleibt anzuführen, dass ein international vergleichbarer Jahresabschluss als eine der erforderlichen Voraussetzungen aus Sicht der Informationsfunktion für Kreditinstitute und für ausländische Investoren gilt.

4.6 Kritische Würdigung der Ergebnisse

Die Ergebnisse der empirischen Untersuchung lassen den Schluss zu, dass die gesetzlichen Vorschriften zur Bilanzierung latenter Steuern eine stärkere Annäherung an die IFRS vorsehen, als in der Bilanzierungspraxis der deutschen mittelständischen Unternehmen festgestellt wurde. Dieses Ergebnis ist offensichtlich, da die bestehenden Wahlrechte nach dem HGB (BilMoG) unterschiedlich genutzt werden. In der Folge versucht ein sehr geringer Anteil der untersuchten Unternehmen einen gewissen Grad der Konvergenz mit den IFRS zu erreichen. In vier der untersuchten Jahresabschlüssen werden latente Steuern unverrechnet angesetzt und im Anhang erfolgten detaillierte Angaben hinsichtlich der Ursachen, Höhe der Bilanzdifferenzen und des angewendeten Steuersatzes. Die empirischen Befunde bestätigen die Relevanz und die Komplexität des Themas.

Die Zielsetzung des Gesetzgebers war eine möglichst kostengünstige Vergleichbarkeit mit internationalen Rechnungslegungsstandards zu erreichen.[274] Wie die Auswertung der empirisch erhobenen Daten zur Bilanzierungspraxis deutscher Unternehmen zeigt, ist eine internationale Vergleichbarkeit hinsichtlich der Berücksichtigung latenter Steuern nicht möglich. Dies resultiert einerseits aus den bestehenden Zieldivergenzen zwischen den nach dem HGB oder den IFRS erstellten Jahresabschlüssen und andererseits aus den unterschiedlichen Interpretationsmöglichkeiten des Gesetzwortlauts. Selbst die unterschiedlichen Interpretationen des Gesetzes konnte man teilweise

---

[273] Vgl. Freidank (2009), S. 212.
[274] Vgl. Meyer u.a. (2009), S. 211.

auswerten, da in vielen Fällen die Angaben zur Bewertung und zum Ansatz latenter Steuern unterblieben sind.

Die vorliegenden Ergebnisse führen zur Schlussfolgerung, dass der IAS 12 zwar ein Ausgangspunkt der Entwicklung des HGB sein könnte, dass er jedoch keinesfalls unmittelbar und vollständig in das HGB übernommen wird. Der neue § 274 HGB soll eine Alternative zum IAS 12 bieten, ohne dessen Nachteile hinsichtlich der Komplexität, Zeitaufwand und Kosten zu übernehmen.[275] Die langfristige Auswirkung des § 274 HGB auf die Bilanzierungspraxis der deutschen mittelständischen Unternehmen bleibt abzuwarten.

Wenn man die Entwicklung der gesetzlichen Regelungen im Hinblick auf die Behandlung latenter Steuern vom Referentenentwurf und Regierungsentwurf über die verabschiedeten Neuregelungen bis zur Umsetzung in die Praxis betrachtet, gewinnt man den Eindruck, dass die Unternehmen die Bilanzierungspraxis an die Neuregelungen nicht frühzeitig anpassen konnten. Es wirkt verwirrend, wenn zuerst im Referentenentwurf zahlreiche Änderungen vorgeschlagen werden, die zu einer sehr starken Annäherung bezüglich der Behandlung latenter Steuern an die Vorschriften der internationalen Rechnungslegung führen,[276] danach im Regierungsentwurf hingegen Ergänzungen und erneute Änderungen getroffen werden,[277] um schließlich mit dem Aktivierungswahlrecht zu enden.[278] Die Auswirkung dieser Überlegungen hinsichtlich der Güte der gesetzlichen Vorschriften zur Behandlung latenter Steuern spiegelt die Bilanzierungspraxis wieder.

Die Analyse hat gezeigt, dass die Weiterführung des Aktivierungswahlrechts in § 274 HGB n.F. zur beabsichtigten Vereinfachung der Bilanzierung latenter Steuern nicht führen kann, da die Ermittlung der temporären Differenzen auf der Einzeldifferenzebene durchgeführt werden muss.[279] Die Möglichkeit eines verrechneten Ausweises reduziert den Arbeitsaufwand nicht, da die Saldierung

---

[275] Vgl. Loitz (2009), S. 913.
[276] Der Referentenentwurf vom 08.11.2007 sah einen unsaldierten Ausweis von latenten Steuern vor. Das Aktivierungswahlrecht sollte durch die Aktivierungspflicht ersetzt und die Gliederung der Bilanz auf der Aktivseite um die Position "D. Aktive latente Steuern" ergänzt werden. Die passiven latenten Steuern sollten weiter unter Rückstellungen bilanziert werden. Außerdem konnte die Aktivierung latenter Steuern auf steuerliche Verlustvorträge unbefristet erfolgen. Vgl. BMJ (2007), URL siehe Literaturverzeichnis.
[277] In dem am 21.05.2008 veröffentlichten Regierungsentwurf wird die Gliederung der Bilanz auf der Passivseite um die Position "E. Passive latente Steuern" ergänzt. Die latenten Steuern sollten ebenso gesondert in der GuV ausgewiesen werden. Zudem kommt eine zeitliche Beschränkung der Berücksichtigung aktiver latenter Steuern auf steuerliche Verlustvorträge. Vgl. BilMoG-RegE (2008), URL siehe Literaturverzeichnis.
[278] Vgl. Loitz (2009), S. 921.
[279] Vgl. Wolz (2010), S. 2625ff.

die Ermittlung der aktiven und passiven latenten Steuern voraussetzt.[280] Kleine und mittelgroße Gesellschaften konnten aufgrund des Wahlrechts und der Befreiungsvorschriften von den Anhangangaben auf die Ermittlung der latenten Steuern verzichten, wenn ein Aktivüberhang offensichtlich ist. Andererseits ist es beim Vorliegen der zahlreichen Wertdifferenzen zwischen Handels- und Steuerbilanz nicht einfach zu beurteilen, ob ein offensichtlicher Aktivüberhang vorliegt. Die verfolgte Zielsetzung des Gesetzgebers, eine kostengünstige Alternative zu den internationalen Rechnungslegungsstandards zu bieten, läuft damit ins Leere.

Aus meiner Sicht ist die Beibehaltung des saldierten Ausweises in Verbindung mit dem Aktivierungswahlrecht, abgesehen von der oben geführten Diskussion, nicht genügend, da ein offenes Fenster für bilanzpolitische Spielräume bestehen bleibt. Ebenfalls die Erläuterungspflichten, auf welche Differenzen latente Steuern beruhen und mit welchen Steuersätzen die Bewertung erfolgen muss, lassen Gestaltungsspielräume offen. Falls beim Vorliegen eines aktiven Überhangs das Aktivierungswahlrecht nicht ausgeübt wird, erschwert es eine Vergleichbarkeit zwischen den Jahresabschlüssen. Aus diesem Vorgang resultiert eine doppelte Konsequenz, so dass einerseits die durch Analysten geschätzten Werte der latenten Steuern im Rahmen der Jahresabschlussanalyse eliminiert werden[281] und anderseits dem beabsichtigten Ziel des BilMoG, die Informationsfunktion des handelsrechtlichen Abschlusses zu stärken, widersprochen wird.

Betrachtet man die aus den empirischen Untersuchungen gewonnenen Ergebnisse, wird zum Teil die Relevanz latenter Steueransprüche auf steuerliche Verlustvorträge bei den deutschen mittelständischen Unternehmen bestätigt. Hingegen scheint ein kritischer Umgang aufgrund der teilweise unzureichenden Anhangangaben bezüglich der Aktivierung latenter Steuern auf Verlustvorträge angebracht. Kritisch ist die vorgeschriebene fünfjährige Begrenzung des Planungshorizonts zu beurteilen. Der im Schrifttum ausgelösten Diskussion ist zuzustimmen, wonach eine offene Formulierung im IAS 12.34 hinsichtlich der Unternehmungsplanung zu begrüßen ist, die auf eine an die individuelle Unternehmenssituation oder Branchenlage angepasste Betrachtung ohne pauschale Begrenzung abgestellt wird.[282]

---

[280] Vgl. Herzig/Vossel (2009), S. 1178.
[281] Die empirischen Befunde bestätigen, dass aus Sicht der Kreditinstitute die Werthaltigkeit der aktiven latenten Steuern fraglich erscheint. Die befragten Kreditinstitute geben an, dass beim durch das BilMoG beibehaltenen Bilanzierungswahlrecht hinsichtlich aktiver latenter Steuern, aufgrund der zweifelhaften Werthaltigkeit des Postens, die bisherige Praxis der Verrechnung mit dem Eigenkapital beibehalten werden würde. *Vgl. Kapitel 4.1.2.*
[282] Vgl. Engels (2008), S. 1558; Popkes (2011), URL siehe Literaturverzeichnis.

Alle vorherigen Ausführungen führen zu dem Schluss, dass die Umsetzungsprobleme der gesetzlichen Vorschriften der Bilanzierung latenter Steuern aufgrund der komplexen Interdependenzen zwischen der Entwicklung des Gesetzwortlauts und der deutschen Bilanzierungspraxis bei den mittelständischen Unternehmen bestehen bleiben. Darüber hinaus bestätigt die vorliegende Untersuchung eine Annäherung der HGB-Regelungen bezüglich der Bilanzierung latenter Steuern an die internationale Rechnungslegung. Allerdings sind die Bilanzierungsvorschriften des HGB weiterhin vom Vorsichtsprinzip geprägt. Insgesamt ist es noch zu früh zu sagen, ob es durch das BilMoG gelungen ist, die Informationsfunktion des Jahresabschlusses eines mittelständischen Unternehmens zu erhöhen und dadurch die Zukunfts- und Wettbewerbsfähigkeit des HGB zu sichern.

5 Zusammenfassung und Ausblick

"Nothing is certain but death and taxes"[283]

Im Zuge der Internationalisierung der Wirtschaft kommt es zu einer Forderung der Vergleichbarkeit der Unternehmensrechnungslegung untereinander. Auf dem Weg einer gleichwertigen Anerkennung des HGB sollte mit dem BilMoG eine Annäherung an die IFRS-Rechnungslegung stattfinden.

Das Ziel des vorliegenden Buches war, mit Hilfe einer detaillierten Gegenüberstellung der Regelungen latenter Steuern nach den nationalen und internationalen Vorschriften zu untersuchen, ob eine Annäherung der Bilanzierung latenter Steuern nach dem HGB an die IFRS erreicht wurde. Dabei sollte eine Auswertung von Steuerabgrenzungen in den Jahresabschlüssen der deutschen mittelständischen Unternehmen unter Berücksichtigung der Besonderheiten des deutschen Steuerrechts durchgeführt und ein Verbesserungsbedarf aufgezeigt werden. Hierzu sollte die Bilanzierungspraxis der deutschen mittelständischen Unternehmen im Kontext einer Konvergenz bzw. Divergenz zu den IFRS-Vorschriften beleuchtet werden.

Dazu wurden zunächst die konzeptionellen und methodischen Grundlagen der Steuerabgrenzung im Allgemeinen sowie der Ansatz, die Bewertung und der Ausweis nach dem HGB und IAS 12 im

---

[283] Ben Franklin.

Speziellen aufgezeigt, verglichen und gewürdigt. Aus diesem Teil des Buches lässt sich Folgendes resümieren:

- § 274 HGB und IAS 12 folgen mit der Bilanzierung latenter Steuern dem bilanzorientierten Temporary-Konzept. Erfasst werden mit diesem Konzept zeitliche Differenzen, die zwischen den Buchwerten in der HGB/IFRS-Bilanz und in der Steuerbilanz bestehen.
- Bei der Methode der Bilanzierung latenter Steuern folgen beide Rechnungslegungswerke der Liability-Methode und betrachten die latenten Steuern als künftige Steuerforderungen bzw. als künftige Steuerverbindlichkeiten gegenüber der Finanzverwaltung.
- Zu versteuernde temporäre Differenzen, die in künftigen Perioden die steuerliche Bemessungsgrundlage mindern oder erhöhen, werden mit dem künftig relevanten Steuersatz bewertet.
- Obwohl die latenten Ansprüche und Verpflichtungen in der Zukunft liegen, wird nach dem HGB und den IFRS eine Abzinsung latenter Steuerposten aufgrund der Komplexität der Bewertungsaufgabe untersagt.
- Trotz der Annäherung an die IFRS durch punktuelle Übernahme der Elemente der internationalen Rechnungslegung in die deutsche Rechnungslegung bestehen in Detailfragen ferner Unterschiede hinsichtlich des Beibehaltens des Wahlrechts für die Aktivierung latenter Steuern bzw. des aktiven Überhangs und eines saldierten oder unverrechneten Ausweises latenter Steuern.
- Die Differenzen der Regelwerke verbleiben im Hinblick auf Zieldivergenzen zwischen den Jahresabschlüssen nach dem HGB und den IFRS. Die Nutzungszeit für nicht genutzte Verlustvorträge wird auf fünf Jahre begrenzt. Grundsätzlich sind die Anhangangaben nach dem HGB (BilMoG) wesentlich weniger umfangreich.

Die latente Steuerabgrenzung erscheint speziell in Hinsicht auf die Besonderheit der Rechtsform eines Unternehmens und des deutschen Steuerrechts komplex. Während die Vorschriften zur Bilanzierung latenter Steuern bei großen Kapitalgesellschaften, offenen Handelsgesellschaften und Kommanditgesellschaften relativ klar sind, waren die Bilanzierungsvorschriften für kleine Kapitalgesellschaften, Personengesellschaften und Organschaften noch zu klären. Trotz der zahlreichen Diskussionsbeiträge im Schrifttum bezüglich der im § 274 HGB geregelten Grundsätze zur Steuerabgrenzung bleibt ein Zweifel an der Anwendung der gesetzlichen Vorschriften insbesondere bei Organschaften und kleinen Kapitalgesellschaften bestehen.

Das vorliegende Buch bezieht ferner die Erkenntnisse der in der Literatur bisher durchgeführten Studien mit besonderem Fokus auf die Bilanzierungspraxis der mittelständischen Unternehmen nach dem BilMoG bzw. IFRS for SME mit Hinblick auf die Berücksichtigung latenter Steuern ein. Die Auswertungen dieser Quellen lassen Schlüsse zu, dass die Änderungsrelevanz des HGB hinsichtlich der Entwicklung der Bilanzierungspraxis von mittelständischen Unternehmen unter der Einflussnahme der internationalen Rechnungslegung erhöht und die zunehmende Bedeutung der latenten Steuerpositionen bestätigt wird.

Welche Konvergenz durch die geänderten Vorschriften der Behandlung latenter Steuern in der Bilanzierungspraxis der deutschen mittelständischen Unternehmen erreicht wurde, konnte durch eine eigene empirische Untersuchung gezeigt werden. Hierzu wurden die Jahresabschlüsse von 312 mittelständischen Unternehmen herangezogen. Die Abschlüsse wurden quantitativ und qualitativ analysiert. Insgesamt herrscht sowohl bezüglich der quantitativen als auch qualitativen Angaben ein hohes Maß an Mängelangaben, welches die Analyse der Bilanzierungspraxis erschwert. Im Ergebnis konnte Folgendes gezeigt werden:

- Das Beibehalten der rechtsformspezifischen Erleichterungsvorschriften und des Wahlrechts hinsichtlich der Bilanzierung aktiver latenter Steuern führt zum Auseinanderdriften vom Einzelabschluss nach dem HGB (BilMoG) einer Gesellschaft, die Vorschriften in Anspruch nimmt, und dem Einzelabschluss nach den IFRS, den diese Gesellschaft erstellen würde.
- Das Ausmaß der Divergenz wird durch empirische Analyse aufgrund der Unklarheiten des Gesetzwortlauts in Hinsicht auf die Bilanzierung passiver latenter Steuern bei kleinen Kapitalgesellschaften und Behandlung latenter Steuern im Organkreis bestätigt.
- Latente Steuern besitzen eine Relevanz für die Bilanzierungspraxis der deutschen mittelständischen Unternehmen. Die empirischen Befunde belegen die zunehmende Bedeutung der Bilanzierung latenter Steuern in den zwei vergangenen analysierten Berichtsjahren. Diese ist ebenso aufgrund der Berücksichtigung latenter Steueransprüche auf Verlustvorträge gegeben.

- Unbefriedigend sind ferner die Anhangerläuterungen in Bezug auf latente Steuern, da die Bilanzierungspraxis der deutschen Unternehmen durch das Vorsichtsprinzip geprägt ist.
- Zudem ist festzustellen, dass die Ursachen der Entstehung latenter Steuern nach dem HGB (BilMoG) zugenommen haben und mit den aufgrund der Bilanzierung nach den IFRS entstandenen Ursachen identisch sind.
- Insgesamt gesehen kann eine Annäherung an die IFRS bezüglich der Bilanzierung latenter Steuern trotz bestehender Divergenzen bestätigt werden.

Zusammengefasst lässt sich attestieren, dass das vorliegende Buch die nationale und internationale Rechnungslegung hinsichtlich der Bilanzierung latenter Steuern im Vergleich aufzeigt. Die empirischen Befunde haben zwar zum großen Teil zunehmende Bedeutung und eine Annäherung an die IFRS-Vorschriften nachgewiesen, allerdings konnte keine pauschale Aussage der Auswirkung der HGB (BilMoG)–Rechnungslegung hinsichtlich der Bilanzierung latenter Steuern in deutschen mittelständischen Unternehmen formuliert werden.

An dieser Stelle ist aufgrund der vielen offenen Fragen bei der Behandlung der Thematik auf die zukünftige detaillierte Auseinandersetzung mit der Berichterstattung zu latenten Steuern hinzuweisen. Dieser Herausforderung werden sich sowohl bilanzierende Unternehmen, die ihre Jahresabschlüsse nach dem HGB (BilMoG) erstellen, als auch auswertende Analytiker stellen müssen.

Anhang

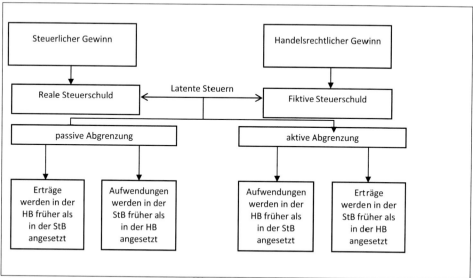

Anhang 1: Entstehung latenter Steuern.[284]

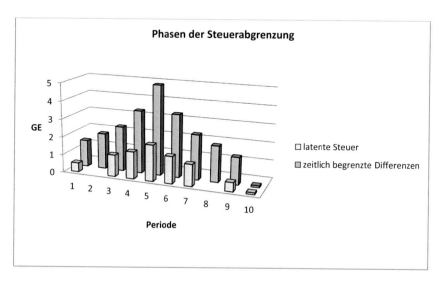

Anhang 2: Verlauf latenter Steuerabgrenzung auf zeitlich begrenzte Differenzen.[285]

---

[284] Quelle: Eigene Darstellung in Anlehnung an Mammen (2007), S. 106.

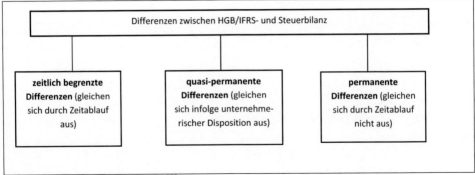

Anhang 3: Arten von Differenzen.[286]

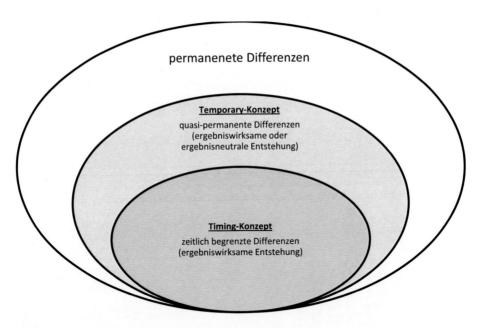

Anhang 4: Konzepte zur Bilanzierung latenter Steuern.[287]

---

[285] Quelle: Eigene Darstellung in Anlehnung an Höfer (2009), S. 12.
[286] Quelle: Eigene Darstellung.
[287] Quelle: Eigene Darstellung in Anlehnung an Wendlandt/Vogler (2001), S.245.

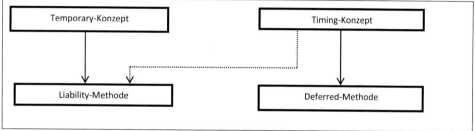

Anhang 5: Zusammenhang zwischen Konzepten und Methoden der Steuerabgrenzung.[288]

	Berichtsjahr	Vorjahr
Ergebnis vor Ertragsteuern (Handesbilanz)		
Erwarteter Ertragsteueraufwand (Konzern-) Steuersatz xx,x %; Vorjahr: xx,x %		
Überleitung		
Abweichende ausländische Steuerbelastung	+/-	+/-
Steueranteil für:		
• steuerfreie Erträge	-	-
• steuerlich nicht abzugsfähige Aufwendungen	+	+
• temporäre Differenzen und Verluste, für die keine latenten Steuern erfasst wurden	+/-	+/-
Steuergutschriften	-	-
Periodenfremde tatsächliche Steuern	+/-	+/-
Effekte aus Steuersatzänderungen	+/-	+/-
Sonstige Steuereffekte[289]	+/-	+/-
Ausgewiesener Ertragssteueraufwand		
Effektiver (Konzern-) Steuersatz (%)		

Anhang 6: Die steuerliche Überleitungsrechnung.[290]

---

[288] Quelle: Eigene Darstellung.
[289] Hier werden Effekte im Hinblick auf latente Steuern erfasst.
[290] Quelle: Emig/Walter (2011), S. 488.

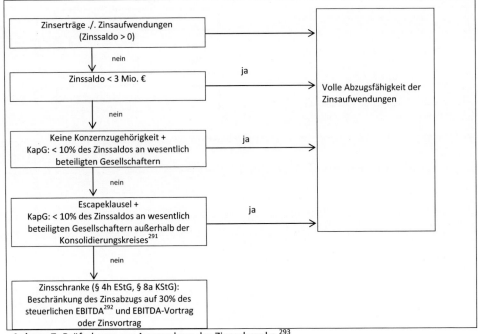

Anhang 7: Prüfschema zur Anwendung der Zinsschranke.[293]

---

[291] Da dieses Buch sich auf die Analyse des Einzelabschlusses beschränkt, wird hier die Escapeklausel nicht weiter vertieft.
[292] Steuerliches EBITDA errechnet sich nach folgendem Schema:

	Erträge (z.B. Umsatzerlöse, Dividenden, Zinserträge)
./.	Aufwendungen (z.B. Abschreibungen, Zinsaufwendungen, GewSt)
=	**handelsrechtlicher Jahresüberschuss**
+./.	Überleitung Handels- in Steuerbilanz
=	**Steuerbilanzgewinn**
./.	Steuerfreie Dividenden
=	**steuerpflichtiger Gewinn**
+	(Zinsaufwand–Zinsertrag)
+	AfA (Steuerliche Regel-AfA, GWG-AfA, Sammelposten-AfA)
=	**EBITDA**

[293] Quelle: Eigene Darstellung in Anlehnung an Scheffler (2007), S. 232.

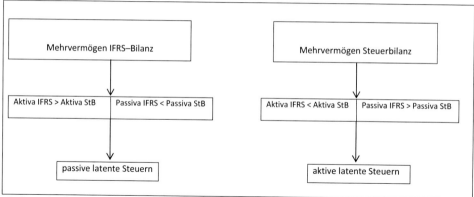

Anhang 8: Aktive und passive latente Steuern nach IFRS.[294]

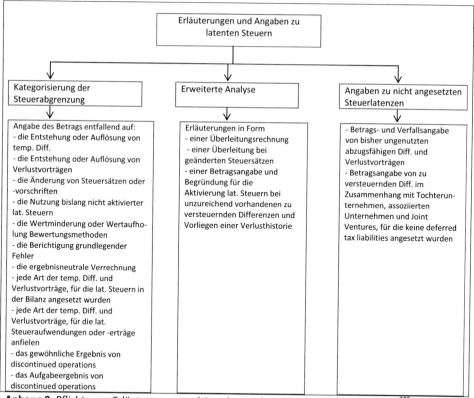

Anhang 9: Pflichten zu Erläuterungen und Angaben zu latenten Steuern nach IAS 12.[295]

---

[294] Quelle: Lüdenbach (2010), S. 270.
[295] Quelle: Eigene Darstellung in Anlehnung an Höfner (2007), S.137.

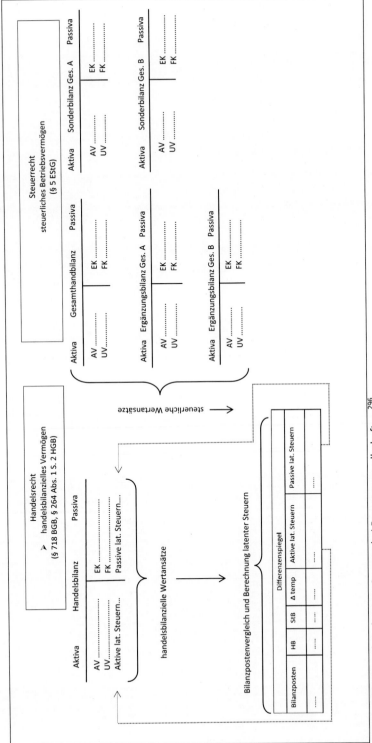

Anhang 10: Ermittlung latenter Steuern bei Personengesellschaften.[296]

[296] Quelle: Eigene Darstellung in Anlehnung an Brönner u.a. (2011), S. 663.

Sachverhalt: Die GmbH bildet in der Handelsbilanz zum 31.12.2010 eine Rückstellung für drohende Verluste aus schwebenden Geschäften i. H. v. 100 TEUR, die in der Steuerbilanz nicht angesetzt werden darf. Der Steuersatz (KSt, SolZ, GewSt) beläuft sich auf 30 %, sodass eine aktive latente Steuer in Höhe von 30 TEUR auszuweisen ist (Aktivierungswahlrecht wird ausgeübt). Die Handelsbilanz zum 31.12.2010 weist folgendes Bild aus:

Aktiva		**Auszug Handelsbilanz 31.12.2010**	**Passiva**
……		……	
……		Sonstige Rückstellungen	100
Aktive latente Steuern	30	……	

Die Buchungssätze im Jahr 2010 lauten entsprechend:

Datum	Konto	Soll	Haben
	Sonstige betriebliche Aufwendungen	100	
	Sonstige Rückstellungen		100
	Aktive latente Steuern	30	
	Steuern vom Einkommen und vom Ertrag		30

Im Jahr 2011 werden die aus den verlustträchtigen Aufträgen anfallenden Mehraufwendungen in der laufenden Buchführung in den Sonstigen betrieblichen Aufwendungen erfasst. Die Abschlussbuchungen zur Berücksichtigung des Verbrauchs der Rückstellung und der Auflösung der Steuerlatenz lauten somit:

Datum	Konto	Soll	Haben
	Sonstige Rückstellungen	100	
	Sonstige betriebliche Aufwendungen		100
	Steuern vom Einkommen und vom Ertrag	30	
	Aktive latente Steuern		30

Anhang 11: Fallbeispiel zur erfolgswirksamen Bildung latenter Steuern.[297]

---

[297] Quelle: Bertram/Meyering (2009), Rz. 121.

Sachverhalt: Die GmbH erwirbt eine Maschine zum Kaufpreis von 100 TEUR, die im Sachanlagevermögen aktiviert wird. Für die Anschaffung der Maschine erhält die GmbH eine steuerfreie Investitionszulage i. H. v. 30 TEUR. Die Anschaffungskosten werden handelsbilanziell um die Investitionszulage gekürzt. In der Steuerbilanz werden die Anschaffungskosten der Maschine nicht gekürzt, sondern die Investitionszulage in voller Höhe ergebniswirksam erfasst. Die Maschine weist somit bei der Aktivierung in der Handelsbilanz einen Wert von 70 TEUR, in der Steuerbilanz einen Wert von 100 TEUR aus. Bei einem Steuersatz von 30 % ergibt sich eine aktive Steuerlatenz von 9 TEUR, die erfolgsneutral einzubuchen ist. Die Handelsbilanz weist folgendes Bild aus:

Aktiva	Auszug Handelsbilanz 31.12.2010		Passiva
Maschinen	70	......	
......		Andere Gewinnrücklagen	9
Aktive latente Steuern	9	......	

Die Buchungssätze im Jahr 2010 lauten entsprechend:

Datum	Konto	Soll	Haben
	Aktive latente Steuern	9	
	Andere Gewinrücklagen		9

An den folgenden Bilanzstichtagen sind die aktiven latenten Steuern erfolgswirksam anzupassen, da sich die Wertveränderungen bei der Maschine (Abschreibungen) ebenfalls erfolgswirksam auswirken.

Anhang 12: Fallbeispiel zur erfolgsneutralen Bildung latenter Steuern.[298]

---

[298] Quelle: Bertram/Meyering (2009), Rz. 118.

Sachverhalt: Eine GmbH weist einen steuerlichen Verlustvortrag von 100 Mio. EUR aus. Vereinfachend sollen körperschaftsteuerlicher und gewerbesteuerlicher Verlustvortrag betragsgleich sein. Der kombinierte Ertragsteuersatz soll 30% betragen. Der Verlustvortrag soll nach den Vorschriften des deutschen Steuerrechts verwertbar sein. Ein steuerlicher Verlustvortrag i.H.v. 100 Mio. EUR beinhaltet für die GmbH daher ein Steuerersparnispotenzial von 30 Mio. EUR. Dabei stellt sich die Frage, ob diese Steuerersparnis in der Zukunft eintreten wird. Dies hängt entscheidend von den zukünftigen steuerlichen Gewinnen ab. Folgend werden fiktiv drei Szenarien (A, B, C) über die zukünftige steuerliche Gewinnentwicklung in Mio. EUR angenommen:

Szenario	1.Jahr	2.Jahr	3.Jahr	4.Jahr	5.Jahr
A	1	1	1	1	1
B	21	21	21	21	21
C	21	31	4	71	131

Je nachdem, ob vom Szenario A, B oder C ausgegangen wird, bestimmt sich der nutzbare Teil des möglichen Verlustabzugs. Die GmbH soll aufgrund temporärer Differenzen einen Aktivüberhang der latenten Steuern aufweisen, so dass bzgl. Der aktiven latenten Steuern auf Verlustvorträge die Fünf–Jahres-Frist zu beachten ist.

Auf Basis der deutschen steuerrechtlichen Bestimmungen ergibt sich im vorstehenden Beispiel innerhalb die nächsten fünf Jahre folgende steuerwirksame Verlustverrechnung:

Szenario		1.Jahr	2.Jahr	3.Jahr	4.Jahr	5.Jahr
A	steuerliches Einkommen	1	1	1	1	1
	Verrechnung mit Verlustvortrag:					
	laufendes Jahr	./.1	./.1	./.1	./.1	./.1
	gesamt kumuliert	./.1	./.2	./.3	./.4	./.5
	verbleibender Verlustvortrag	99	98	97	96	95
B	steuerliches Einkommen	21	21	21	21	21
	Verrechnung mit Verlustvortrag:					
	Sockelbetrag	./.1	./.1	./.1	./.1	./.1
	60% vom restlichen steuerlichen Einkommen	./.12	./.12	./.12	./.12	./.12
	laufendes Jahr	./.13	./.13	./.13	./.13	./.13
	gesamt kumuliert	./.13	./.26	./.39	./.52	./.65
	verbleibender Verlustvortrag	87	74	61	48	35
C	steuerliches Einkommen	21	31	41	71	131
	Verrechnung mit Verlustvortrag:					
	Sockelbetrag	./.1	./.1	./.1	./.1	
	60% vom restlichen steuerlichen	./.12	./.18	./.24	./.42	

	Einkommen					
	laufendes Jahr	./.13	./.19	./.25	./.43	
	gesamt kumuliert	./.13	./.32	./.57	./.100	
	verbleibender Verlustvortrag	87	68	43	0	

Je nach unterstelltem Szenario ergeben sich die folgenden Beträge der anzusetzenden aktiven Steuerlatenz:

Mio. EUR	Szenario A	Szenario B	Szenario C
innerhalb der nächsten fünf Jahre erwartete Verlustverrechnung	5	65	100
Anzusetzende aktive Steuerlatenz (mit dem kombinierten Steuersatz von 30%)	1,5	19,5	30

Anhang 13: Fallbeispiel zur Problematik der Berechnung aktiver latenter Steuern aufgrund steuerlicher Verlustvorträge.[299]

Sachverhalt: Die A GmbH will für ein Projekt zum 31.12.2010 eine Drohverlustrückstellung in Höhe von 2.000 TEUR bilden.[300] Obwohl das Projekt noch nicht beendet ist, erwartet das Unternehmen das Scheitern des Projekts, weil sich herausgestellt hat, dass wesentliche vertraglich zugesicherte Funktionalitäten nicht realisiert werden können. Der Kunde hat sich zu diesem Sachverhalt noch nicht geäußert. Das Unternehmen schätzt, dass sich die Rückabwicklung über einen Zeitraum von zwei Jahren erstrecken wird. Die Höhe des Verpflichtungsbetrags ist als zutreffend anzunehmen.

Nach dem Handelsgesetzt besteht die Möglichkeit, Drohverlustrückstellungen zu bilden, die nach § 253 II HGB unter Verwendung der von der Deutschen Bundesbank festgelegten Zinssätze abzuzinsen. Steuerrechtlich besteht für Drohverlustrückstellungen nach § 5 IVa S. 1 EStG ein Ansatzverbot.

Handelsrechtlich ist der Barwert der geplanten Rückstellung mit einem Betrag i.H.v. 1.850 TEUR nach der folgenden Gleichung anzusetzen:

$$BW = Z * \frac{1}{(1+i)^n}$$

mit   Z = 2.000 TEUR

i = 3,97 % lt. Tabelle Deutsche Bundesbank

n = 2 Jahre.

---

[299] Quelle: Brönner u.a. (2011), S. 653.
[300] Durch das BilMoG wurde eine Annäherung der Rückstellungsbilanzierung erreicht. Allerdings wird nach IAS 37 eine Rückstellung gebildet, wenn im Rahmen des "best estimate" als zentralem Bewertungsmaßstab diverse Eigenheiten bei der Bewertung von Rückstellungen berücksichtigt werden. Im HGB ist aufgrund des Vorsichtsprinzips eine Rückstellung zu bilden, wenn die Wahrscheinlichkeit unter 50% liegt. Hier wird angenommen, dass die Voraussetzungen nach IAS 37 erfüllt sind und die Rückstellung bilanziert wird.

Da nach dem Steuerrecht ein Ansatzverbot gilt, ist auf den vollen Betrag eine aktive latente Steuer i.H.v. 555 TEUR (30%[301] von 1.850 TEUR) anzusetzen. Insofern ist die Rückstellung für die Steuerberechnung wieder hinzuzurechnen.

Vorläufiger Gewinn vor Steuern	4.000
Drohverlustrückstellung Projekt	./. 1.850
Gewinn vor Steuern	2.150
Hinzurechnung Drohverlustrückstellung	1.850
Zu versteuerndes Einkommen	4.000
Steueraufwand	1.200

Buchungssätze:

Sonstiger betr. Aufwand	an	Rückstellungen	1.850
Aktive latente Steuern	an	Steueraufwand	555
Steueraufwand	an	Steuerverbindlichkeiten	1.200

Bilanz

Aktiva		Passiva	
Anlagevermögen	7.000	Eigenkapital	5.000
Umlaufvermögen	12.445	Rückstellungen	3.800
Aktive latente Steuern	555	Verbindlichkeiten	11.150
Bilanzsumme	20.000	Bilanzsumme	20.000

Gewinn- und Verlustrechnung

	Betrag
Ergebnis der gewöhnlichen Geschäftstätigkeit	2.150
./. Steueraufwand	645
Jahresüberschuss	1.505

Anhang 14: Fallbeispiel zur Behandlung latenter Steuern nach HGB und IFRS bei Kapitalgesellschaften.[302]

---

[301] Erläuterung zu dem kombinierten Steuersatz siehe Kap. 2.3.2.2.
[302] Quelle: Eigene Darstellung in Anlehnung an Krimpmann (2010), S. 98.

Literaturverzeichnis

Andermatt, Guido/Flick, Peter/Margetich, Gerhard/Weigel, Wolfgang (2008), IFRS-Bilanzanalyse – Erkenntnisse aus den Konzernabschlüssen 2007 der im ATX, DAX, SMI und Stoxx enthaltenen Unternehmen, in: IRZ, 3. Jg., 2008 (12), S. 569-578.

App, Jürgen (2003), Latente Steuern nach IAS, US-GAAP und HGB, in: KoR, 3. Jg., 2003 (4), S. 209-214.

Bähr, Gottfried/Fischer-Winkelmann, Wolf/List, Stephan (2006), Buchführung und Jahresabschluss, 9. Aufl., Wiesbaden.

BDI Ernst & Young (2009), Bilanzrechtsmodernisierungsgesetz, Berlin.

Becker, Jan/Loitz, Rüdiger/Stein, Volker (2009), Steueroptimale Verlustnutzung, 1. Aufl., Wiesbaden.

Becker, Wolfgang/Baltzer, Björn/Ulrich, Patrick (2008), Aktuelle Entwicklungen in der Unternehmensführung mittelständischer Unternehmen, http://www.uni-bamberg.de/fileadmin/uni/fakultaeten/sowi_lehrstuehle/unternehmensfuehrung/ Download-Bereich/BBB_150_Becker_ Baltzer_Ulrich_Aktuelle_UF_Mittelstand.pdf [14.09.2011]

Beiersdorf, Kati/Morich, Sven (2009), IFRS für kleine und mittelgroße Unternehmen. Aktuelle Entwicklungen vor dem Hintergrund der Ergebnisse der weltweiten Probeabschlüsse, in: KoR, 9. Jg., 2009 (01), S. 1-13.

Berger, Axel/Hauck, Anton/Prinz, Ulrich (2007), Bilanzierung latenter Steuern auf steuerliche Verlustvorträge nach IAS 12 – Streitiger Prognosezeitraum zur Verlustverrechnung, in: DB, 37. Jg., 2007 (08), S. 412-415.

Bertram, Klaus (2011), BilMoG–Erfahrungen mit der Umsetzung, in: WPg, 39. Jg., 2011 (7), S. I.

Bertram, Klaus/Meyering, Staphan (2009), § 274 Latente Steuern, in: Bertram, Klaus/Brinkmann, Ralph/Kessler, Harald/Müller, Stefan (Hrsg.), Haufe HGB Kommentar, 1. Aufl., Freiburg/München/Berlin/Würzburg, S. 1212-1260.

Bischoff, Jan (2009), Latente Steuern auf Derivate nach IFRS aus Basis des deutschen Steuerrechts, Düsseldorf.

Bolik, Andreas/Linzbach, Meike (2010), Verluste und Zinsschranke in der Bilanzierung latenter Steuern, in: DStR, 48. Jg., 2010 (31), S. 1587-1590.

Brähler, Gernot/Brunne, Phillipp/Heerdt, Tobias (2008), Die Auswirkungen der Zinsschranke auf die Aktivierung latenter Steuern, in: KoR, 8. Jg., 2008 (05), S. 289-295.

Brönimann, David/Ruckstuhl, Michael (2011), Tax Accounting–Ansatz latenter Steuern auf Beteiligungen, in: Steuer Revue, 66. Jg., 2011 (01), S. 27-42.

Brönner, Herbert/Bareis, Peter/Hahn, Klaus/Maurer, Torsten/Schramm, Uwe (2001), Die Bilanz nach Handels- und Steuerrecht. Einzel- und Konzernabschluss nach HGB und IFRS, 10. Aufl., Stuttgart

BStBK (2011), Unsicherheiten bei der ertragsteuerlichen Organschaft, http: http://www.bstbk.de/export/sites/standard/de/ressourcen/Dokumente/04_presse/stellung nahmen/2011/Eing02_12.04.2011.pdf [03.10.2011].

Burkhardt, Henriette (2008), Bilanzansatz und Bewertung latenter Steuern nach IFRS und US-GAAP, Augsburg.

Buschhüter, Michael/Striegel, Andreas (2011), Internationale Rechnungslegung-IFRS: Kommentar, Berlin.

Coenenberg, Adolf/Haller, Axel/Schultze, Wolfgang (2009), Jahresabschluss und Jahresabschluss-analyse: Betriebswirtschaftliche, handelsrechtliche, steuerrechtliche und internationale Grundsätze-HGB, IFRS, US-GAAP, DRS, 21. Aufl., Stuttgart.

Coenenberg, Adolf/Hille, Klaus (2002), IAS 12, in: Baetge, Jörg/Dörner, Dietrich/Kleekämper, Heinz/Wollmert, Peter/Kirsch, Hans-Jürgen (Hrsg.), Rechnungslegung nach International Accounting Standards, Kommentar auf der Grundlage des deutschen Bilanzrechts, 2002, Stuttgart.

Dahlke, Jürgen (2009a), Bilanzierung latenter Steuern bei Organschaft nach dem BilMoG, in: BB, 64. Jg., 2009 (17), S. 878-882.

Dahlke, Jürgen (2009b), Standardentwurf des IASB zur Bilanzierung von Ertragsteuern: Was lange währt, wird endlich gut?, in: BB, 64. Jg., 2009 (27), S. 1462-1466.

DRS (2010), DSR–öffentliche Sitzungsunterlagen http://www.standardsetter.de/v4/docs/sitzungen/dsr/141/141_02b_E-DRS24_Auswertung_Stellungnahmen_140_08a.pdf [03.10.2011].

DStV (2011a), Latente Steuern bei kleinen Gesellschaften – Steuervereinfachung und Bürokratieabbau durch Anpassung des § 249 HGB, http://www.dstv.de/ interessenvertretung/steuern/stellungnahmen-steuern/s-13-11-latente-steuern-bmj [14.09.2011]

DStV (2011b), Stellungnahme zum IDW ERS HFA 7 n.F., http://www.dstv.de/interessenvertretung/steuern/stellungnahmen-steuern/21-19-01-s-11-11-zum-idw-ers-hfa-7-n.f. [14.09.2011]

Eierle, Brigitte/Beiersdorf, Kati/Haller, Axel (2008) Wie beurteilen deutsche nichtkapitalmarktorientierte Unternehmen den ED-IFRS for SMEs? Ergebnisse einer Befragung zum IASB-Entwurf eines internationalen Rechnungslegungsstandards für kleine und mittelgroße Unternehmen, in: KoR, 8. Jg., 2008 (03), S. 152-164.

Eisele, Wolfgang (2002), Technik des betrieblichen Rechnungswesens, 7. Aufl., München.

Ellerbusch, Martin/Schlüter, Andreas/Hofherr, Achim (2009), Die Abgrenzung latenter Steuern im Organkreis nach BilMoG, in: DStR, 47. Jg., 2009 (47), S. 2443-2449.

Emig, Michael/Walter, Jan (2011), Die steuerliche Überleitungsrechnung – neue Impulse durch DRS 18, in: DStR, 49. Jg., 2011 (10), S. 488-492.

Engels, Wolfgang (2008), Aktive latente Steuern auf Verlustvorträge – Was erwartet den HGB–Bilanzierer bei Umsetzung des RegE BilMoG, in: BB, 63. Jg., 2008 (29), S. 1554-1558.

Ernst & Young (2009), Latente Steuern, Stuttgart.

Ernst & Young (2010), Anwendungshinweis 2010/13. Bilanzierung latenter Steuern bei Personengesellschaften (HGB BilMoG), Stuttgart.

Ernst & Young (2011a), Anwendungshinweis 2011/07. Latente Steuern in der Organschaft (HGB Einzelabschluss (BilMoG)), Stuttgart.

Ernst & Young (2011b), Tax & Law Magazine, 2011 (03), Stuttgart.

Ernsting, Ingo/Loitz, Rüdiger (2004), Zur Bilanzierung latenter Steuern bei Personengesellschaften nach IAS 12, in: DB, 59. Jg., 2004 (20), S. 1053-1060.

Europa EU, http://europa.eu/legislation_summaries/enterprise/business_environment/n 26026_de.htm [04.10.2011].

Förschle, Gerhart (2010), Beck'scher Bilanz-Kommentar, 7. Aufl., München.

Freidank, Carl-Christian/Velte, Patrick (2007), Rechnungslegung und Rechnungslegungspolitik, 1. Aufl., Stuttgart.

Fülbier, Rolf Uwe/Mages, Monika (2007), Überlegungen zur Bilanzierung latenter Steuern bei Personengesellschaften nach IAS 12, in: KoR, 7. Jg., 2007 (02), S. 69-79.

Grottke, Markus/Haendel, Felix (2010), Operation gelungen–Mittelstand tot? – Eine Analyse der Anhangangaben der IFRS for SME auf mittelstandschädliche Wirkungen, in: DStR, 48. Jg., 2010 (22), S. 1147-1153.

Haller, Axel /Ferstl, Eva-Maria/Löffelmann, Johann (2011), Die "einheitliche" Erstellung von Handels- und Steuerbilanz. Empirische Erkenntnisse über die Bilanzierungspraxis von Kapitalgesellschaften, in: DB, 64. Jg., 2011 (16), S. 885-889.

Haller, Axel/Beiersdorf, Kati/Eierle, Brigitte (2009), International Financial Reporting Standard for Small and Medium-sized Entities (IFRS for SMEs): Überblick über den finalen Standard des IASB, in: DB, 62. Jg., 2009 (30), S. 1549-1557.

Haller, Axel/Löffelmann, Johann/ Beiersdorf, Kati/Bolin, Manfred/Etzel, Bernhard/Haussmann, Kai (2008), Rechnungslegung aus Sicht von Kreditinstituten als Rechnungslegungsadressaten, in: DRSC (Hrsg.), Standardsetter, 2008, Berlin.

Hayn, Sven/Waldersee, Georg (2006), IFRS/US–GAAP/HGB im Vergleich, 6. Aufl., Stuttgart.

Henselmann, Klaus (2010), Jahresabschluss nach IFRS und HGB, 2. Aufl., Norderstedt.

Herkenroth, Klaus/Hein, Oliver/Labermeier, Alexander/Pache, Sven/Striegel, Andreas/Wiedenfels, Matthias (2008), Konzernsteuerrecht, 1. Aufl., Wiesbaden.

Herzig, Norbert (2010), BilMoG, Tax Accounting und Corporate Governance–Aspekte (2010), in: DB, 63. Jg., 2010 (01), S. 1-8.

Herzig, Norbert/Bohn, Alexander/Götsch, Arne (2009), Auswirkungen des Zusammenspiels von Zins- und Verlustvortrag auf die Bilanzierung latenter Steuern im HGB-Einzelabschluss, in: DStR, 47. Jg., 2009 (50), S. 2615-2620.

Herzig, Norbert/Liekenbrock, Bernhard/Vossel, Stephan (2010), Grundkonzept zur Bilanzierung von latenten Steuern im Organkreis nach dem BilMoG, in: Ubg, 3. Jg., 2010 (02), S. 85-100.

Herzig, Norbert/Vossel, Stephan (2009), Paradigmenwechsel bei latenten Steuern nach dem BilMoG, in: BB, 64. Jg., 2009 (22), S. 1174-1178.

Hierl, Susanne/Huber, Steffen (2008), Rechtsformen und Rechtsformwahl: Recht, Steuern, Beratung, Wiesbaden.

Hillmer, Hans–Jürgen (2011), Ist die Anwendbarkeit des IFRS for SMEs für kleine und mittelgroße Unternehmen zu empfehlen?, in: KoR, 11. Jg., 2011 (04), S. 214-217.

Höfer, Ferdinand (2009), Die Berichterstattung über latente Steuern nach IFRS und ihre bilanzanalytische Auswertung, Augsburg.

Hoffmann, Wolf-Dieter/Lüdenbach, Norbert (2009), NWB Kommentar Bilanzierung: Handels- und Steuerrecht, 1. Aufl., Herne.

IDW (2011), Auswirkungen des BilMoG auf die Anerkennung einer ertragsteuerlichen Organschaft, Pressemitteilung vom 17.02.2011.

IfM Bonn, http://www.ifm-bonn.org/index.php?id=89 [04.10.2011].

Karrenbrock, Holger (2011), Zweifelsfragen der Berücksichtigung aktiver latenter Steuern im Jahresabschluss nach BilMoG, in: BB, 66. Jg., 2011 (11), S. 683-688.

Kastrup, Benedikt/Middenhof, Oliver (2010), Latente Steuern bei Personengesellschaften im handelsrechtlichen Jahresabschluss nach BilMoG, in: BB, 65. Jg., 2010 (14), S. 815–820.

Kessler, Harald (2008),Bilanzrechtsmodernisierungsgesetz, in: Kessler, Harald/Leinen, Markus/Strickmann, Michael (Hrsg.), Bilanzrechtsmodernisierungsgesetz, Freiburg.

Kessler, Harald/Leinen, Markus/Paulus, Benjamin (2009), Das BilMoG und die latenten Steuern (Teil 1), in: KoR, 9. Jg., 2009 (12), S. 716-728.

Kessler, Harald/Leinen, Markus/Paulus, Benjamin (2010), Das BilMoG und die latenten Steuern (Teil 2), in: KoR, 10. Jg., 2010 (01), S. 46-49.

Kessler, Harald/Leinen, Markus/Strickmann, Michael (2010), Handbuch BilMoG: Der praktische Leitfaden zum Bilanzrechtsmodernisierungsgesetz, 2. Aufl., München.

Kirsch, Hanno (2009), Ertragsteueraufwand bei Personenhandelsgesellschaften nach dem Bilanzrechtsmodernisierungsgesetz, in: DStR, 47. Jg., 2009 (37), S. 1972-1978.

Klein, Oliver (2001), Die Bilanzierung latenter Steuern nach HGB, IAS und US-GAAP im Vergleich, in: DStR, 39. Jg., 2001 (46), S. 1450-1456.

Koester, Oliver/Pratter, Kirsten (2009), Auswirkungen der Finanzmarktkrise auf die Bilanzierung latenter Steuern nach IFRS, in: BB, 64. Jg., 2009 (32), S. 1688-1690.

Kozikowski, Michael/Fischer, Norbert (2010), Beck'scher Bilanz-Kommentar, 7. Aufl., München.

KPMG (2008), IFRS und HGB in der Praxis. Zur Bedeutung von IFRS–Abschlüssen bei der Kreditvergabe von Banken an mittelständische Unternehmen, http://www.kpmg.de /docs/IFRS_und_HGB_in_der_Praxis.pdf [13.09.2011].

Krimpmann, Andreas (2011), Latente Steuern in der Praxis, Freiburg.

Krummet, Frederick (2010), Der Informationsgehalt von latenten Steuern nach IAS 12, Vallendar.

Kühnberger, Manfred (2007), IFRS-Leitfaden Mittelstand: Grundlagen, Einführung und Anwendung der Internationalen Rechnungslegung, Berlin.

Küting, Karlheinz/Lorson, Peter/Eichenlaub, Raphael/Toebe, Marc (2011), Die Ausschüttungssperre im neuen deutschen Bilanzrecht nach § 268 Abs. 8 HGB, in: GmbHR, 102 Jg., 2011 (01), S. 1-10.

Küting, Karlheinz/Zwirner, Christian (2003), Latente Steuern in der Unternehmenspraxis: Bedeutung für Bilanzpolitik und Unternehmensanalyse, in: WPg, 31. Jg., 2003 (07), S. 301-316.

Küting, Karlheinz/Zwirner, Christian (2005), Zunehmende Bedeutung und Indikationsfunktion latenter Steuern in der Unternehmenspraxis, in: BB, 60. Jg., 2005 (28/29), S. 1553-1562.

Lanfermann, Röhricht (2009), § 268 Abs. 8 HGB als neue Generalnorm für außerbilanzielle Ausschüttungssperre, in: DStR, 47. Jg., 2009 (24), S. 1216-1222.

Lange, Benno/Wolz, Christian (2010), Latente Steuern bei Personengesellschaften, in: BiM, 3. Jg., 2010 (04), S. 76-79.

Langenbucher, Günther (2005), Latente Steuern – ein wesentliches Problem bei der Umstellung auf Anwendung der IFRS, in: BB, 60. Jg., 2005 (3), S. 23-26.

Leibfried, Peter/Golsner, Christian (2011), Anwendung des IFRS for SMEs Beispielsfälle zur Bilanzierung in KMU, in: KoR, 11. Jg., 2011 (01), S. 61-67.

Leibfried, Peter/Weber, Ingo (2009), Notes: Handbuch für den IFRS-Anhang, 2. Aufl., Berlin.

Lenz, Martin (2011), Berücksichtigung von vororganschaftlichen Rücklagen bei der Bemessung der Ausschüttungssperre, http: http://blog.handelsblatt.com/steuerboard/2011/03/ 04/ be-rucksichtigung-von-vororganschaftlichen-rucklagen-bei-der-bemessung-der-ausschuttungssperre/ [03.10.2011].

Lienau, Achim (2006), Bilanzierung latenter Steuern im Konzernabschluss nach IFRS, Düsseldorf.

Lienau, Achim/Gütersloh, Erdmann/Zülch, Henning (2007), Bilanzierung latenter Steuern auf Verlustvorträge nach IAS 12, in: DStR, 45. Jg., 2007 (25), S. 1094-1097.

Linzbach, Meike (2009),Bilanzierung latenter Steuern bei Unternehmenszusammenschlüssen: Latente Steuern in der Erwerbsbilanzierung nach IFRS 3 und ED IAS 12, Wiesbaden.

Loitz, Rüdiger (2009), Latente Steuern nach dem Bilanzrechtsmodernisierungsgesetz (BilMoG) – ein Wahlrecht als Mogelpackung?, in: DB, 68. Jg., 2009 (18), S. 913-921.

Loitz, Rüdiger/Klevermann, Lars (2009), Bilanzierung von Ertragsteuern in deutschen Organschaften nach IFRS und BilMoG, in: BB, 64. Jg., 2009 (09), S. 409-418.

Loitz, Rüdiger/Neukamm, Michael (2008), Der Zinsvortrag und die Bilanzierung von latenten Steueransprüchen, in: WPg, 36. Jg., 2008 (05), S. 196-203.

Lorson, Peter/Melcher, Winfried/Zündorf, Horst (2009), Leistet das BilMoG einen Beitrag zur Harmonisierung des internen und externen Rechnungswesens?, http://www.wiwi.uni-rostock.de/fileadmin/Institute/BWL/Rechnungswesen/publi/Lorson_Melcher_Zuendorf_7te-WHU-Controllingtagung-abstract.pdf [03.10.2011].

Lüdenbach, Norbert (2010), IFRS – Der Ratgeber zur erfolgreichen Anwendung von IFRS, 6. Aufl., München.

Lüdenbach, Norbert (2011), Steuerlatenzrechnung für Personengesellschaften und kleine Kapitalgesellschaften?, in: BC, 33. Jg., 2011 (04), S. 159-161.

Lüdenbach, Norbert/Freiberg, Jens (2010), Beitrag von DRS 18 zur Klärung strittiger Fragen der Steuerlatenzierung, in: BB, 65. Jg., 2010 (33), S. 1971-1976.

Lüdenbach, Norbert/Freiberg, Jens (2011), Steuerlatenzrechnung auch für Personengesellschaften? – Diskussion des IDW ERS HFA 7 n.F., in: BB, 66. Jg., 2011 (25), S. 1579-1584.

Mammen, Andreas (2007), Der Einfluss der Steuerlatenz auf Konzernsteuerquote, in: PiR, 3. Jg., 2007 (3), S. 105-110.

Meyer, Marco/Loitz, Rüdiger/Quella, Jerome-Oliver/Zerwas, Peter (2009), Latente Steuern. Bewertung, Bilanzierung, Beratung, Wiesbaden.

Meyer, Ruberg (2010), Die Erstellung von Planungsrechnungen als Voraussetzung für die Bilanzierung latenter Steuern - Anwendungsfelder, Anforderungen, Zweifelsfragen, in: DStR, 48. Jg., 2010 (30), S. 1538-1543.

Müller, Stefan/Kreipl, Markus (2011), Passive latente Steuern und kleine Kapitalgesellschaften. Wie weit reicht die Erleichterungsvorschrift des § 274a Nr. 5 HGB?, in: BB, 66. Jg., 2011 (32), S. 1701-1706.

Neubert, Bob/Geiler, Tobias (2010), Bilanzierung latenter Steuern: Änderungen, Auswirkungen auf den Jahresabschluss und praktische Umsetzung, in: Heesen, Bernd (Hrsg.), Bilanzplanung und Bilanzgestaltung, 2010, Heidelberg.

Ott, Helmut (2008), Problembereiche des Investitionsabzugsbetrags nach § 7g EStG, in: StuB, 34. Jg., 2008 (07), S. 247-251.

Pellens, Bernhard/Fülbier, Rolf Uwe/Gassen, Joachim/Sellhorn, Thorsten (2008), Internationale Rechnungslegung, 7. Aufl., Stuttgart.

Petersen, Karl/Zwirner, Christian (2009), Bilanzrechtsmodernesierungsgesetz, München.

Petersen, Sven Alexander (2006), Einfluss der Besteuerung auf die Wahl der Organisationsform: eine institutionenökonomische Analyse der Auswirkungen auf Integration und Konzernierung, Wiesbaden.

Philipps, Holger (2010), Rechnungslegung nach BilMoG: Kurzkommentar zum Jahresabschluss und Lagebericht nach neuem Bilanzrecht, Wiesbaden.

Pöller, Ralf (2009), Anwendungsfall zur Bilanzierung latenter Steuern nach dem Bilanzrechtsmodernisierungsgesetz, in: BC, 33. Jg., 2009 (11), S. 491-500.

Pöller, Ralf (2011), Sonderprobleme und Umsetzung der Neuregelungen zur Bilanzierung latenter Steuern nach BilMoG, in: BC, 35. Jg., 2011 (7), S. 10-17.

Popkes, Jann-Luiken (2011), Wenn die DPR prüft - Latente Steuern auf Verlustvorträge, http://www.pwc.de/de/industrielle-produktion/wenn-die-dpr-prueft-latente-steuern-auf-verlustvortraege.jhtml [03.10.2011].

PwC (2011), Bilanzierung nach IFRS, IFRS for SMEs und HGB. Die wichtigsten Unterschiede im Überblick, http://www.pwc.de/de_DE/de/mittelstand/assets/Leitfaden-Bilanzierung-IFRS-HGB-IFRS-SME.pdf [13.07.2011].

Schäfer, Heiko/Suermann, Hendrik (2010), Ansatz aktiver latenter Steuern nach IAS 12, in: DB, 63. Jg., 2010 (51), S. 2742-2749.

Scheffler, Wolfram (2007), Besteuerung von Unternehmen. Band I: Ertrag-, Substanz- und Verkehrsteuern, 10. Aufl., Heidelberg.

Schick, Rainer (2009), Kommentierung zu IAS 12, in: Münchener Kommentar zum Bilanzrecht, Hennrichs, Joachim/Kleindiek, Detlef/Watrin, Christoph, Band 1, 2009, München.

Schildbach, Thomas (2008), Der Konzernabschluss nach HGB, IFRS und US-GAAP, 7. Aufl., München.

Schmidt, Christian/Zagel, Stefan (2010), OHG, KG und PublikumsG: Umfassende Erläuterungen, Beispiele und Musterformulare für die Rechtspraxis, 2. Aufl., Freiburg.

Schrimpf-Dörges, Claudia (2007), Umweltschutzverpflichtungen in der Rechnungslegung nach HGB und IFRS. Abbildung unter besonderer Berücksichtigung von Anpassungs-, Altlastensanierungs- und Rekultivierungsverpflichtungen, Düsseldorf.

Schween, Carsten (2007), Tatsächliche und latente Steuern im IFRS–Standardentwurf für den Mittelstand, in: BB, 62. Jg., 2007 (19), S. 18-23.

Siegel, Daniel (2011), Die Bilanzierung latenter Steuern im handelsrechtlichen Jahresabschluss nach § 274 HGB, Münster.

Simon, Stefan (2009), Ausschüttungs- und Abführungssperre als gläubigerschützendes Institut in der reformierten HGB-Bilanzierung - Zur Regelung des § 268 VIII HGB n.F., in: NZG, 13. Jg., 2009 (28), S. 1081-1087.

Sinewe, Patrick (2010), Tax Due Diligence: Tax Audit beim Unternehmenskauf- Ablauf, Beratung, Muster, Wiesbaden.

Suermann, Jan-Christoph/Püschel, Karola/Siebert, Hilmar (2008), Bonitätsanalyse und IFRS–Bilanzierung, in: Henke, Michael/Siebert, Hilmar (Hrsg.), Accounting, Auditing und Management, Berlin.

Thieme, Juliane (2004), Latente Steuern - Der Einfluss internationaler Bilanzierungsvorschriften auf die Rechnungslegung in Deutschland, Halle-Wittenberg, S. 1-38, www.wirtschaftsrecht.uni-halle.de/Heft29.pdf [02.07.2011].

Thurow, Christian (2010), Steuerlicher Verlustvortrag: Sanierungsklausel ausgesetzt, in: BC, 34. Jg., 2010 (05), S. 193-194.

Velter, Patrick/Köster, Max (2009), Auswirkungen des BilMoG auf das bilanzielle Kapitalschutzsystem bei Aktiengesellschaften – das Einfallstor für Solvenztests, in: Freidank, Carl–Christian/Altes, Peter (Hrsg.), Das Gesetz zur Modernisierung des Bilanzrechts(BilMoG), Berlin.

Weber, Christoph (2003), Die Behandlung latenter Steuern im Jahresabschluss und ihr Informationsgehalt im Rahmen der Unternehmensanalyse, Frankfurt am Main.

Wendlandt, Klaus/Vogler, Gerlinde (2001), Latente Steuern nach E-DRS 12 im Vergleich mit IAS, US-GAAP und bisheriger Bilanzierung nach HGB sowie Kritik an E-DRS 12, in: KoR, 1. Jg., 2001 (6), S. 244-254.

Wöltje, Jörg (2010), Bilanzen richtig lesen, besser verstehen, optimal gestalten, 10. Aufl., Freiburg.

Wolz, Christian (2010), Latente Steuern nach BilMoG: Analyse der konzeptionellen Neuregelung im Einzel- und Konzernabschluss, in: DB, 63. Jg., 2010 (48), S. 2625-2633.

Zimmert, Peter (2010), Latente Steuern nach BilMoG – Gesetzlücke bei Inanspruchnahme des § 7g EStG, in: DStR, 46. Jg., 2010 (16), S. 826-827.

Zwirner, Christian (2007), IFRS-Bilanzierungspraxis, Berlin.

Zwirner, Christian (2009), Herausforderungen und Risiken der neuen Anhangberichterstattung nach BilMoG, in: BB, 43. Jg., 2009, S. 2302-2306.

Zwirner, Christian (2010a), Latente Steuern – Neue Regelungen, neuer Standard, neue Probleme, in: StuB, 12. Jg., 2010 (01), S. 3-11.

Zwirner, Christian (2010b), Unterschiede zwischen IFRS und HGB - quantitative Analyse und Ausblick auf die BilMoG-Anwendung, in: DB, 63. Jg., 2010 (31), S. 1653-1661.

Zwirner, Christian/Boecker, Corinna (2011), BilMoG: Funktionsweise der (neuen) außerbilanziellen Ausschüttungssperre, in: BC, 35. Jg., 2011 (01), S. 7-9.

Zwirner, Christian/Künkele, Peter (2009a), Bedeutung latenter Steuern in wirtschaftlich unruhigen Zeiten, in: IRZ, 4. Jg., 2009 (4), S. 182-184.

Zwirner, Christian/Künkele, Peter (2009b), Latente Steuern nach BilMoG: Zehn zentrale Fragestellungen, in: BC, 33. Jg., 2009 (11), S. 487-490.

Zwirner, Christian/Reuter, Michael/Busch, Julia (2004), Die Abbildung von Verlusten im Jahresabschluss, in: Brösel, Gerrit (Hrsg.), Internationale Rechnungslegung, Prüfung und Analyse, 2004, München.

Verzeichnis der Gesetze, Verordnungen und sonstigen Rechnungslegungsnormen

AktG: Aktiengesetz vom 6. September 1965, in: BGBl. I 1965 S. 1089, zuletzt geändert durch Artikel 6 des Gesetzes vom 9. Dezember 2010 (BGBl. I S. 1900).

EGHGB: Einführungsgesetz zum Handelsgesetzbuch vom 10. Mai 1897, in: BGBl. III/FNA 4101-1, zuletzt geändert durch Art. 40 Bundesrecht-BereinigungsG vom 8. Dezember 2010 (BGBl. I S. 1864)

BGB: Bürgerliches Gesetzbuch in der Fassung der Bekanntmachung vom 2. Januar 2002, in: BGBl. I S. 42, ber. S. 2909, 2003 I S. 738, zuletzt geändert durch Gesetz vom 27. Juli 2011 (BGBl. I S. 1600).

BilMoG: Gesetz zur Modernisierung des Bilanzrechts vom 25. Mai 2009, in: Bundesgesetzblatt Jahrgang 2009 Teil I Nr. 27.

BilMoG-RegE, Gesetzentwurf der Bundesregierung: Entwurf eines Gesetzes zur Modernisierung des Bilanzrechts (Bilanzrechtsmodernisierungsgesetz – BilMoG) vom 30. Juli 2008, Bundesdrucksache 16/10067, Berlin 2008.

BMJ, Referentenentwurf eines Gesetzes zur Modernisierung des Bilanzrechts (Bilanzrechtsmodernisierungsgesetz - BilMoG) vom 8. 11. 2007, http://www.der-betrieb.de/pdf/081107_bilmog_refe.pdf [02.07.2011].

DRS 18, http://www.standardsetter.de/drsc/docs/press_releases/2010/DRS18_nearfinal_ website .pdf [01.10.20011].

EStG: Einkommensteuergesetz in der Fassung der Bekanntmachung vom 8. Oktober 2009, in: BGBl. I S. 3366, 3862, zuletzt geändert durch Artikel 1 des Gesetzes vom 1. November 2011 (BGBl. I S. 2131).

GewStG: Gewerbesteuergesetz in der Fassung der Bekanntmachung vom 15. Oktober 2002, in: BGBl. I S. 4167, zuletzt geändert durch Artikel 3 des Gesetzes vom 8. Dezember 2010 (BGBl. I S. 1768).

HGB: Handelsgesetzbuch in der im Bundesgesetzblatt Teil III, Gliederungsnummer 4100-1, veröffentlichten bereinigten Fassung, zuletzt geändert durch Artikel 8 des Gesetzes vom 1. März 2011 (BGBl. I S. 288).

IAS 12: Ertragsteuern, ABl. Nr. L 320 S. 1, 53 vom 3. November 2008, zuletzt geändert durch Art. 1 ÄndVO (EG) 495/2009 vom 3. Juni 2009 (ABl. Nr. L 149 S. 22).

IFRS for SMEs, http://eifrs.iasb.org/eifrs/sme/en/IFRSforSMEs2009.pdf [13.09.2011].

KStG: Körperschaftsteuergesetz in der Fassung der Bekanntmachung vom 15. Oktober 2002, in: BGBl. I S. 4144, zuletzt geändert durch Artikel 17 des Gesetzes vom 1. November 2011 (BGBl. I S. 2131).

SolZG: Solidaritätszuschlaggesetz in der Fassung der Bekanntmachung vom 15. Oktober 2002 in: BGBl. I S. 4130, zuletzt geändert durch Artikel 31 des Gesetzes vom 8. Dezember 2010 (BGBl. I S. 1768).

UmwStG: Umwandlungssteuergesetz in der Fassung der Bekanntmachung vom 15. Oktober 2002, in: BGBl. I S. 4133, 2003 I S. 738, zuletzt geändert durch Artikel 3 des Gesetzes vom 16. Mai 2003 (BGBl. I S. 660).

Entscheidungsverzeichnis

BGH Urteil vom 01.12.2003 – II ZR 202/01, http://lexetius.com/2003,3085 [13.09.2011].